ב"ה

Между нами, женщинами...

сборник писем и очерков, посвященных Таарат Амишпаха
составители Люба Перлова и Рухама Розенштейн

Издание четвертое
исправленное и дополненное
Дизайн: Люба Перлова

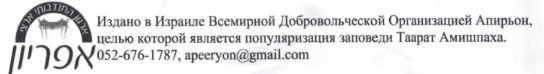

Издано в Израиле Всемирной Добровольческой Организацией Апирьон,
целью которой является популяризация заповеди Таарат Амишпаха.
052-676-1787, apeeryon@gmail.com

5776-2016

ב"ה

Between Us, Women
Compiler and author: Luba Ahuva Perlov and Ruchama Rosenshtein
Design by Luba Ahuva Perlov
www.pearlbrush.com

Inspirational stories for Russian speakers on the topic of Mikvah to inspire women to learn and to observe this Mitzvah. From heroism keeping Mitzvos in soviet Russia to recent miracle stories and translations of the Rebbe's letters on Taharat Hamishpaha.
Suitable for beginners, good for those who are already advanced.

ISBN: 978-1501065262

"שישאר בינינו"

ליקטה וכתבה - ליבא אהובה פרלוב ורוחמה רוזנשטיין
עיצוב ועטיפה - ליבא אהובה פרלוב
הודפס בארץ על ידי "אפריון",- ארגון להפצת טהרת המשפחה ונישואים יהודיים בקרב יוצאי רוסיה.
סיפורי התחזקות והשראה לנשים דוברות רוסית בנושא טהרת המשפחה. עדויות מרוסי'ה הסובטית וכן סיפורי
נפלאות מתקופתינו. תרגומים מאגרות הקודש בנושא המקוה. הספר מיועד למתחילות ומתקדמות כאחת.

Содержание

Вступление составителя...6

О создании первого издания этого сборника........................8

Хочу обратить ваше внимание!...9

Мои невероятные приключения с миквэ.............................10

Выдержка из письма Ребе, Игрот Кодеш............................14

Победить рутину..17

Что такое миквэ?..19

Таинство погружения...22

Мне повезло!...23

Пиши к Ребе!..29

Ребе обещает...30

Чудо Пурима...32

Раин Шиддух..34

А мне пока не надо!..35

Прямая стала волнистой...36

Заповедь, изменившая нашу жизнь......................................38

Удачный опыт физика...39

Ее звездный час..41

Под кухонным столом...45

Реб Лейбе - дежурный по миквэ...47

Глубина..49

Голос плачущего ребенка...55

Рассказывает рабанит Горелик...60

Миквэ в обмен на свадебное платье.....................................61

Подпольные миквэ в Самарканде (Бухара)........................62

В заслугу организации уроков по Тании.............................64

Приехали усыновить ребенка, а получили своего.................................66

А проверки ты делаешь?.................................70

Двое держатся за талит.................................72

О Миквэ и доброй бабушке Дженни.................................75

Только ради дочери.................................78

А зачем вообще жениться?.................................79

Папа женится на маме.................................80

Пока не поздно!.................................82

Хупа по секрету Рассказывает рабанит Гендель.................................83

Подарок на День Рождения.................................85

Три ангела.................................87

А чего тут стесняться?.................................94

Всевышний никогда не остается в долгу.................................97

Рассказ Оры.................................100

Ребёнок родился после посещения миквы.................................103

А вы пробовали обратиться НАВЕРХ?.................................105

Книга и спасение.................................108

Коротко о подготовке к миквэ.................................116

Как быть, если муж не хочет соблюдать?.................................120

Бесплатные консультации на русском языке:.................................121

Словарь.................................122

Библиография.................................125

Советуем прочесть:.................................126

Особая благодарность.................................127

Вступление составителя

С хвалой и благодарностью Всевышнему за то, что с помощью Благословения Ребе, я с моими подругами удостоились принять участие и выпустить в свет этот сборник!

Идея создания этого сборника появилась не сама по себе. Есть личность, влияние которой на мою жизнь и мой духовный рост я постоянно ощущаю. Эта личность - Любавический Ребе, Менахем Мендель Шнеерсон, или, как его называют коротко — Ребе. Он бесстрашно бросил вызов коммунистической тирании, боролся за права людей покинуть границы тоталитарного государства и за нашу свободу соблюдать традиции своего народа. Наш соотечественник, Ребе всегда уделял особое внимание выходцам из бывшего СССР и их еврейскому образованию.

Я никогда его не встречала и не вела с ним личной переписки, но Ребе буквально перевернул мою жизнь благодаря тому, что я следовала его указаниям через Игрот Кодеш*.

Посредством Игрот Кодеш, Ребе побудил меня заняться популяризацией заповеди Таарат Амишпаха— Чистоты Семейной Жизни, — законов ритуального, духовного очищения женщины и святости семьи. Исполнение этой заповеди обогащает семейную жизнь, но что важнее всего —

---

*подробнее об Игрот Кодеш вы прочтете в последующих рассказах это повеление, данное Всевышним нашему народу. И ее соблюдение приносит в наши с вами дома мир, Благословение и Свет Всевышнего. Эта заповедь дана каждой из нас, а не принадлежит исключительно религиозным евреям, так что жена раввина не сможет исполнить ее вместо вас!

Книга не предназначена осветить все правила исполнения этой заповеди, но, надеюсь, вдохновит вас, дорогие читательницы, испытать чудесное влияние Миквэ на вас самих и ваших семьях. А попробовав, я не сомневаюсь, вы захотите продолжить, и она навсегда займет особое место с вашей жизни!

Многие из нас с вами рождены в бывшем Советском Союзе. К сожалению, большинство из нас выросли в семьях, в которых старшее поколение боялось, или не могло дать нам элементарные знания о традициях своего народа. Но это не снимает с нас ответственности за исполнение заповеди. И то, что, несмотря на условия, в которых мы родились и воспитаны, мы возвращаемся к нашим корням -добавляет нам заслуги в глазах Всевышнего. Открыто и без страха исполняя Его волю, выраженную в Торе более 3300 лет назад, мы достигаем истинной свободы. Важно подчеркнуть, что, лишь скрупулезно следуя законам ритуальной чистоты, мы можем быть полностью уверены, что выполнили заповедь на все 100%.

Правильное исполнение, в свою очередь, основывается на нашем знании. Поэтому я прошу вас, дорогие женщины, найти квалифицированную наставницу, консультанта, и по всем вопросам советоваться с ней. Литература на русском языке по этой теме существует, но она не сможет полностью восполнить живое общение.

В конце сборника вы найдете списки русскоязычных координаторов, которые помогут вам найти подходящую русскоязычную женщину-консультанта по месту жительства и список рекомендуемой литературы. Лучшие вещи в нашей жизни не даются нам без наших усилий. И я уверена, что ваши старание и учеба в этом направлении обязательно окупят себя!

О создании первого издания этого сборника

Этот сборник, начавшийся с благословения Ребе, открывал нам чудеса по ходу работы. Во-первых, материалы для сборника были организованы за краткий срок – полтора месяца, хотя многие статьи существовали и до того. Может кому-то этот срок покажется малым, но на мой взгляд,- это явный результат благословения Ребе, вопреки законам логики. Начиная работу над этой, первой в моей жизни книгой, я не имела понятия: где найду подходящий материал, как печатать, где взять средства на печать, и многое другое... И вот, спустя немногим более месяца, книга написана, найдена типография и собраны необходимые средства! Хотя соратницы - подруги на разных континентах работали не покладая рук, все мы признаем: такая скорость - это явное чудо!

А вот свидетельства моих подруг:

- Когда я стала участвовать в этом проекте, произошло нечто, что мне и не снилось! Моя родная мама, наконец-то, Слава Б-гу, окунулась в миквэ! Да еще когда? Ровно день в день за 9 месяцев до моего Еврейского Дня Рождения!

- Я долго не могла забеременеть и обратилась к Ребе за благословением. Ребе порекомендовал мне принять участие в распространении заповеди Таарат Амишпаха. Я стала распространять книжку "Между нами, женщинами", и вскоре у нас родился долгожданный ребенок!

Как составитель этой книги скажу: работа по ее написанию спасла мою жизнь и жизнь моего ребенка. Подробности смотрите в рассказе "Книга и спасение".
Читайте на здоровье, Люба Перлова.

Хочу обратить ваше внимание!

Мы не ставили цели подробно осветить законы ритуальной чистоты. Информация, приведенная в этом сборнике, недостаточна для исполнения этой заповеди. Хотя эта книга и содержит ряд рассказов, повествующих о чудесах, произошедших как следствие соблюдения законов Таарат Амишпаха, важно понять: Нам не дано знать ту меру, которой Всевышний награждает или не награждает каждого из нас за исполнение той или иной заповеди. Исполнение заповедей Всевышнего,- эта НОРМА поведения, образ жизни, который наш Создатель ожидает от каждого еврея. Хоть мы и пытаемся постичь мотивы Творца, заповедь Таарат Амишпаха, тем не менее, является не доступной для нашей логики и здравого смысла. Однако мы твердо знаем и верим, что это для нашего блага, способны ли мы это понять или нет, почувствуем мы это или нет.

А чудеса встречаются, и нередко, по ходу дела.

В целях конфиденциальности

имена некоторых рассказчиков

и участниц изменены.

Мои невероятные приключения с миквэ

Дина, Израиль

О миквэ я узнала еще в России, перед отъездом в Израиль, и даже окунулась там перед Хупой. Но, честно говоря, совсем не понимала эту заповедь. В то время, в 90-е годы, не было никого, кто бы мог мне это объяснить. Мне одолжили по секрету подпольную и крамольную, перехваченную резинкой стопку фотокопий книги посвященной заповеди окунания в миквэ, которая называлась "Чистота Семейной Жизни". Что заинтриговало меня тогда, так это секретность, с которой я должна была обращаться с этими страницами. Если бы я потеряла какую-то фотокопию из этой книги, я не только сама могла угодить за решетку, но и люди, от которых я ее получила.

Я стала читать и возмущаться: "Что?! Они говорят, что я *нечистая*?! Да я каждый день принимаю душ! Я современная женщина, а они ко мне с этими средневековыми предрассудками!" Но мне уж очень хотелось замуж. Жених был накануне отъезда в Израиль, и у него уже не было советского паспорта, поэтому мы не могли заключить гражданский брак. Хупа была для нас единственным способом пожениться. Я позвонила Ребецин, и был назначено время окунания в миквэ и свадьбы.

Через короткое время после свадьбы, к своему ужасу я узнала, что врачи сообщили о серьёзной болезни моей свекрови. В тот вечер я зажгла свечу, и от всего сердца попросила Б-га, чтобы он послал свекрови исцеление. Свеча почти догорела, и в этот самый момент, я поклялась Всевышнему, что по прибытии в Израиль я беру на себя соблюдение этой пока непонятной мне заповеди, заповеди о миквэ...

И тут свеча разгорелась с новой силой! Поняв, что мои слова были услышаны, я сквозь слезы радости наблюдала за этим огнем... Я продолжала смотреть на пламя свечи, которая чудом продолжала гореть много часов. Через пару дней я узнала, что свекровь абсолютно здорова!

И вот мы в Израиле... Пошла в ульпан... Наша учительница в ульпане стала для меня первой израильтянкой, которая общалась с нами. Мы верили всему, что она нам рассказывала. Однажды, она сказала, чтобы мы ни в коем случае не шли в миквэ. Там, по ее мнению, царит антисанитария, плесень и грязь, и можно подхватить любую болячку... Конечно, сейчас у меня есть доводы, чтобы ей возразить: ведь все миквэ, как и обычные бассейны, соответствуют государственным стандартам, а к тому же, если уж сравнивать с бассейном, то людей в бассейне гораздо больше, да еще и плескаются одновременно. Женщина, готовящаяся окунуться в миквэ, уделяет как минимум полчаса (на деле больше) щепетильной подготовке в ванне, в отличие от тех, кто идет в бассейн и игнорирует порой правило принять элементарный душ. Короче говоря, в бассейне болячку подхватить гораздо легче. Но тогда я верила каждому ее слову.

По этой причине я не посещала миквэ довольно долго, несмотря на свое обещание Всевышнему. До тех пор... До тех пор, пока не почувствовала, что уже не могу не пойти... И вот настал день. Помню как сейчас: собираю в сумку необходимые вещи... Настроение жуткое... Шутка ли, идти добровольно в микробный зоопарк... Воображение рисовало мне ужасные картины... Мне было так жалко себя! Но дороги назад уже не было.

С таким загробным настроением я вошла в здание миквэ. Чистое, освещенное фойе, на столике касса, за кассой женщина. "Что вам угодно?" - с улыбкой спросила она.

Что за вопрос, и причем тут улыбка? Тут, понимаете, человек, можно сказать, в последний путь собрался... Мрачно говорю: - "В миквэ окунуться."

- ДОБРО ПОЖАЛОВАТЬ! - совсем уж расплылась в улыбке она,- Пошли, я тебе все покажу...

Она привела меня в маленькую, чистую, покрытую белым кафелем, комнатку с ванной, большим зеркалом, вешалками и туалетом.

- Ну вот, тут ты примешь ванну, а когда готова, нажмешь на эту кнопочку. Ты из России приехала?

- Да.

- Тогда я должна научить тебя как пользоваться кранами... Видишь ли, тут, в Израиле, у нас теплая и холодная вода текут из стенки... Поворачиваешь кран с голубым кружочком (демонстрирует),- пойдет холодная, а повернешь вентиль с красным (опять демонстрация), - горячая польется! Небось из колодца ведрами в России черпали!?...

Совершенно лишнее замечание, но я послушно внимала. Моего иврита тогда было не достаточно на возражения. Она вышла, а я спокойно искупалась. На съемной квартире, где мы жили, ванная была гораздо хуже.

После подготовки я нажала на кнопку и услышала приятную мелодию звонка. Зашла та самая женщина, она, оказывается, и есть баланит. Она открыла передо мной вторую дверь, с другой стороны комнаты. Мы вошли в большой белый зал со множеством дверей вкруг, как та, из которой я вышла. Посреди зала небольшой бассейн с прозрачной голубой водой и кафельными ступеньками, ведущими в глубину. Я стала тихонько спускаться по ступенькам.

Окунулась без проблем, меня объявили кошерной, дозволенной, я сказала благословение, вернулась после окунания в ту же отдельную комнатку, где оставила все свои принадлежности.

Баланит думала, что я невеста, что пришла окунуться перед свадьбой. Поэтому мне потом еще достались от нее сладости! Сияя после миквэ я возвращалась домой. Откуда это сияние взялось, тогда мне было не понять.

Я побывала с тех пор в множестве разных микв. Некоторые выглядели очень скромно, некоторые роскошно, но все были аккуратными и чистыми. А главное - это ощущение тотального очищения и свечения.

С тех пор и хожу, и сияю, чего и вам желаю!

Миквэ Симха Исроэль, Калифорния

Выдержка из письма Ребе, Игрот Кодеш

Перевод: Люба Перлова Взят из книги Раввина С. З. Лешес, Understanding Mikvah.

Госпоже...

(в издании имя не указано,- прим. Пер.)

г.Албани, Нью Йорк

Благословение и Шалом!

Я получил ваше письмо, датированное 21 Мая, в котором вы пишете о себе и об основных этапах вашей жизни.

Отвечая вам, я сразу перейду к сути вашего письма, а именно к вашему отношению к религии, как вы описываете в письме, и в особенности к определенной Заповеди, которая так необходима для счастливой семейной жизни,- Таарат Амишпаха. Вы пишете, что вам не понятна важность этой Мицвы, и т.д. Это не удивительно, как будет видно из следующего примера: маленький ребенок не в состоянии понять мысль профессора. Мы сознаем, что разница между ребенком и ученым профессором лишь в количестве знаний, а не в качестве. Ведь повзрослев, возможно, ребенок сможет не только достичь уровня знаний этого профессора, но и превзойти его.

Совсем по-иному выглядит создание, будь это мудрейший человек на земле, по сравнению с Самим Создателем. Как можем мы, люди, постичь безграничную мудрость Творца? Лишь потому, что Всевышний, по Своей безграничной доброте, раскрыл нам некоторые объяснения к отдельным Его Заповедям, мы способны постичь какой-то проблеск, частичку идеи, таящейся в них. Ясно, что Всевышний дал нам различные заповеди ради нас самих, а не для Своей выгоды.

Следовательно, нам следует относиться к Заповедям с особой тщательностью. Если это справедливо по отношению к любой Заповеди, в большей степени это относится к вышесказанной Заповеди Таарат Амишпаха, исполнение которой накладывает свой отпечаток не только на совместное семейное счастье супругов, но также на благополучие и счастье их потомства, их детей и внуков.

Понятно, что родители всегда стараются сделать все, что в их силах, ради своих детей, даже если существует лишь мизерный шанс, что их старания воплотятся в жизнь, и даже если это сопровождается серьезными трудностями. Тем более в этом случае, когда получаемая польза велика и долгосрочна, а усилия при этом относительно минимальные. И даже если трудности весьма ощутимые, они постепенно пройдут по мере соблюдения Мицвы, и в конце концов совершенно исчезнут.

Разумеется, я знаком с "аргументом", что много не соблюдающих пар все же выглядят счастливыми, и т.д. Ответ на это прост. Во первых, прекрасно известно, что Всевышний милостив и терпелив и ждет, когда заблуждающийся вернется к Нему с искренним раскаянием. Во-вторых, внешность обманчива, и никто не знает все факты жизни другого человека, особенно того, что касается его детей и личных деталей, которые, по понятным причинам, держатся в секрете.

В сущности, в том, что касается соблюдения Таарат Амишпаха, даже простая и беспристрастная статистика в виде отчетов и таблиц специалистов, врачей, социологов, и т.д., явно указывает на пользу, которую Таарат Амишпаха оказывает на представителей тех еврейских кругов, в которых исполняется эта заповедь. Эта статистика была опубликована во многих изданиях, но я не хочу сильно углубляться в это в моем письме.

Все это я пишу, разумеется, не для того, чтобы увещевать вас и читать нотации, а в надежде, что по получении моего письма, вы еще раз как следует взвесите и сразу же начнете соблюдать Мицват Таарат Амишпаха в рамках еврейского образа жизни, который наш Создатель дал нам в Своей Торе, которую мы называем Торат Хаим,- Тора Жизни. Даже если вам кажется, что вы встретите препятствия, можете быть уверенной, что преодолеете их, и что трудности будут лишь на начальных стадиях пути.

Я понимаю, что в вашем районе живут молодые соблюдающие семьи, к которым вы можете обратиться за советом и помощью в изучении необходимых законов и правил Таарат Амишпаха. Если же вам будет неудобно обращаться к друзьям, есть издания, содержащие нужную информацию наряду со списком адресов микв...

Победить рутину

Мудрецы Талмуда говорили: *«Почему по Торе жена должна семь дней (в наше время не семь, а больше – прим. Ред.) отдаляться от своего супруга?- Для того, чтобы сделать ее постоянно желанной своему мужу, как будто это их первая брачная ночь».* (Талмуд Нидда,31 б)

С детства мы привыкли, что сказки часто заканчиваются свадьбой. Ну, а затем коротко прибавляется: " Они жили счастливо и умерли в один день...". Так есть ли жизнь после замужества? Возможно ли сохранить ту остроту чувств и влечение, как вначале, или мы вынуждены терпеть и продолжать сосуществовать с нашим спутником жизни ради... привычки, детей, положения в обществе и т.д.?

Монотонность в брачных отношениях - одно из самых тяжелых испытаний для семейной пары. Для того, чтобы помочь супругам преодолеть рутину и сблизиться по- настоящему, Всевышний даёт им в руки «секретное оружие» под названием «Таарат Амишпаха», то есть законы святости и чистоты семейной жизни. Благодаря им «медовый месяц» в еврейской семье не кончается никогда. Просто - каждый новый месяц становится медовым.

С переплетающимися виноградными лозами сравнивают наши мудрецы молодожёнов. Почему именно с виноградом? Дело в том, что напиток, приготовленный из любых фруктов, не хранится долго. В противовес этому, виноградное вино со временем лишь облагораживается и улучшается, качество и ценность его растут. Так укрепляется с годами еврейский дом!

Муж, глава семьи, подобен Солнцу. Его свет постоянный, ровный. А вот жена подобна Луне: она периодически изменяется – от полнолуния к новолунию, и снова – к расцвету. Творец всего мира знает свои творения и их природу. Он-то и предлагает мужу бережно относиться к жене, учитывая особенности её организма.

Подобно фазам Луны, супружеские отношения знают свои приливы и отливы, дни близости и отдаления. В «Песне песней» Шломо Амелех – царь Соломон – обращается к своей любимой: «Сестра моя, невеста моя», «Сестра моя, супруга моя». Разве может человек жениться на сестре? Однако речь идёт об одной и той же женщине. Она – жена, супруга в дни близости, а в дни отдаления отношения в семье переходят на другой уровень. Супруги на время становятся как бы братом и сестрой. Близость физическая уступает место близости духовной. Этот постоянный тренинг, переход от одного качества к другому, повторяющийся периодически, сохраняет чувства свежими и яркими.

Стремление супругов друг к другу усиливается благодаря условной разлуке и достигает максимума в день их новой «встречи» - подобно тому дню, когда молодые вышли из-под хупы.

Возможно, выражения «чистота семейной жизни», или «чистота семейных отношений» нашим ухом воспринимаются не совсем точно. Ведь в русском языке лишь одна пара слов используется для обозначения физической и духовной чистоты: «чистый» и «нечистый».

В древнееврейском же есть термины тамэ и таһор для обозначения духовной и ритуальной чистоты. И есть слова наки и мелухлах для обозначения чистоты и нечистоты физической. Ничего общего эти две пары слов между собой не имеют.

Что такое миквэ?

Миквэ это или натуральный водоём – река, море, озеро - или комфортабельная, сияющая чистотой миквэ. Кошерная миквэ строится по определенным правилам, которые были получены во время синайского откровения. Ее строят так, чтобы в ней было два водоёма. В меньший поступает необходимое количество «живой воды» – родниковой или дождевой, без участия человеческих рук. Через небольшое отверстие малый резервуар соединяется с большим, наполненным обычной водой из крана, в котором, собственно, происходит окунание.

Воду в большом бассейне можно подогревать, очищать, дезинфицировать, менять – для удовлетворения запросов самой изнеженной дамы. Живая вода, соединяясь с большим водоемом, сообщает ему свои духовные свойства.

Миквэ открыты ежедневно, кроме 9-го ава и Йом Кипура, когда супружеская близость запрещена. Часы работы - после захода Солнца, когда на улице меньше любопытных. Да и внутри планировка помещения способствует полной дискретности.

Здание миквэ не такое заметное, как синагога, и на ее архитектуру люди редко обращают внимание. Однако, если в распоряжении лишь ограниченные средства и стоит вопрос: что строить раньше: синагогу или миквэ, - по закону Торы, сперва должна быть построена миквэ. Мало того, ради строительства миквэ можно продать священный свиток Торы!

В то время как синагога - основа нашего общества, миквэ является фундаментом еврейской семьи. Сперва мы должны обеспечить благополучие наших семей, тогда и общество наше станет благополучным. Поэтому миквэ всегда первична.

Раньше миквэ строились строго функциональными, без декораций и особого комфорта. В наши дни, с усилением интереса широких слоев населения к законам Чистоты Семьи, произошли значительные изменения в дизайне помещения миквэ. Много внимания уделяется удобству пользования и эстетике. Теперь миквэ больше напоминают спа-центры: фойе с диванами для ожидания, красивые ванные комнаты и туалеты, большие зеркала. Зайдя в ванную, вы найдете туалетный столик, а на нем мыло, шампунь, средства для снятия лака, макияжа, и т.д., и даже одноразовые тапочки и одноразовые зубные щетки. В некоторых миквэ выдают полотенца и махровый халат. В миквэ выделено место, где женщина может привести себя в порядок после окунания: воспользоваться кремами, феном, нанести косметику.

Некоторые миквэ оборудованы специальными устройствами, помогающими инвалидам погрузиться в миквэ.

Строительство миквэ открывает для нас дополнительную возможность поучаствовать в этой важной заповеди через пожертвования на ее постройку. Часто семьи, у которых были проблемы с деторождением, семейные неурядицы или болезни, сделав пожертвование на постройку миквэ, удостаиваются чудес. (Телефоны героев рассказа вы сможете получить у нас в редакции).

-Л. удостоилась стать под хупу со своим бывшим мужем, с которым была разведена на протяжении 7 лет.

-Н. обратилась к Ребе через Игрот Кодеш за благословением, после того как у нее нашли опухоль груди. Была назначена операция. Ребе порекомендовал ей дать деньги на строительство миквэ. После ее пожертвования, не было уже необходимости в операции. Н. прошла ряд проверок, и страшный диагноз, Слава Б-гу, был отменен.

- Были бездетные семьи, и семьи, которые хотели больше детей, но не получалось. После пожертвования на миквэ, Всевышний дал им детей. Молодая женщина нашла Шидух сразу после того, как дала деньги на строительство миквэ.

Что говорят врачи и психологи?

Врачи говорят, что процент тяжелых женских, а также некоторых мужских заболеваний гораздо ниже у тех, кто следует законам чистоты семейной жизни.

Знающие каббалу утверждают, что душе ребенка, который родился у родителей, соблюдающих эти заповеди, легче преодолевать жизненные препятствия. В этом, кстати, одна из причин, почему многие женщины в Израиле, не столь строго следуя остальным заповедям Торы, заповедь чистоты еврейской семьи соблюдают скрупулезно. Благополучие будущего ребенка – что может быть важнее?

И последнее – что говорят психологи?

Психологи считают, что, если бы такой заповеди отдаления и сближения в физических отношениях не было, то ее надо было бы придумать. Ведь одна из основных опасностей, подстерегающих супругов, это – рутина в семейной жизни. Особенно для мужчины, как бы он ни любил свою жену.

Таинство погружения

Поход в миквэ женщина должна совершать как таинство. О нем никто не должен даже догадываться. Только мужу известно, когда его жена вновь станет дозволенной для него. А ещё говорят мудрецы, что благословение присутствует на том, что скрыто от чужих глаз.

Из миквэ женщина возвращается просветленная, окрыленная и счастливая. Она вспоминает, как впервые окунулась в нее перед свадьбой, как привлекателен был ее муж в качестве жениха, как прекрасен был их союз. Только светскую пару всегда отвлечет телевизор или иные привычные детали досуга. А пару, живущую по Торе, ничто не заставит забыть о назначенной встрече – ведь это священная мицва, заповедь. Независимо от темперамента обоих супругов, их степени занятости, даже от колебаний амплитуды их расположения друг к другу, - всегда это будет необычный вечер. Они откроют друг в друге новые грани личности, они воспримут друг друга по-новому. Так устроил Всевышний, и очень жаль, когда евреи просто об этом не знают и не используют драгоценный потенциал, заложенный в этом законе.

Согласно иудаизму, в отличие от других религий, в отношениях между мужчиной и женщиной, включая и физическую сторону их отношений, нет ничего негативного, если это происходит по законам Торы. Более того, Тора прославляет любовь между мужем и женой и высоко оценивает роль женщины в семье. В этом заключается как большая тайна, так и великая заповедь Творца. Физические отношения между мужем и женой – это не только исполнение заповеди продолжения рода. Это тайна, заповедь и цель сами по себе. Мужу и жене должно быть хорошо друг с другом как физически, так и духовно. Еврейские мудрецы без стеснения рассказывают в своих книгах о том, как важно, чтобы мужчина не торопился удовлетворить свое желание, а давал женщине полноценное наслаждение. В противном случае он удостаивается нелестных прозвищ от наших законодателей.

Мне повезло!

Рассказывает Рухама Розенштейн

На фоне пяти смен в неделю (я работаю медсестрой) и шести, слава Б-гу, внуков возникают два вопроса:

1. С чего бы это...такой энтузиазм?

2. "Что я с этого имею?"

По первому вопросу:

В свое время (лет 7 назад) Б-жественное Провидение привело меня на урок по законам чистоты семейной жизни. Лекцию читала большая праведница, раббанит Рахель Гендель из Цфата. Я туда вообще-то не собиралась идти, будучи в полной уверенности, что я уже не нуждаюсь в изучении этой темы... Как я ошибалась,- мягко говоря. То, что я услышала от раббанит Гендель, меня удивило, потрясло и озадачило.

Раббанит говорила о каббалистическом объяснении заповеди чистоты семейной жизни, и это придало техническому аспекту выполнения заповеди совершенно другой смысл и значение.

«Что может быть важнее для человека, чем удачное потомство? Все рожают детей (в браке, или не дай Б-г, вне брака). Но что же такого особенного есть в еврее, что Всевышний повелел ему освятить свой брак и рожать детей в особой святости, в соответствии с законами семейной чистоты?

Согласно Каббале, еврей обладает двумя душами - Б-жественной и животной. Еврейская животная душа коренится в источнике, в котором перемешаны добро и зло. Души праведников народов мира, соблюдающие 7 заповедей Ноя (см. Приложения – прим .ред), тоже происходят из того же источника. Еврейская животная душа облекается в кровь и оживляет тело, как написано в Торе: "Ибо душа человека в крови". Эта душа сигнализирует ее обладателю, в чем его тело нуждается в данный момент для самосохранения. (Такие чувства и инстинкты, как голод, смена температур, опасность и т.д). От нее берут начало свои истоки и все наши негативные качества, а так же хорошие качества, такие как врожденные доброта сострадание и благотворительность.

Вторая душа, отличающая каждого еврея - частица безграничной сущности Всевышнего. В Торе пишется: "Сын Мой первородный, Израиль". Так же, как сын происходит из частицы тела отца, так и Б-жественная душа еврея - это частица самого Всевышнего.

Представитель народов мира может приобрести эту душу, приняв на себя соблюдение Торы и заповедей (Гиюр) и погрузившись впервые в святые воды миквэ.

Получив Тору, евреи получили от Всевышнего силу выполнять Его заповеди. И сила эта - вторая душа, Б-жественная душа еврея, наличие которой отличает еврея от не еврея.

"Так же, как у вас есть два уха, два глаза, две руки и две ноги,- говорит раббанит Гендель, -так же есть у вас и две души! Знаете ли вы об этом или не знаете, хотите ли вы того или не хотите,- это не изменяет реальности. У вас две души!

Б-жественная душа еврея нуждается в защите, т.е. в Святом Одеянии. Как обычная одежда защищает наше тело от влияний окружающей среды, подобно этому, и на духовном уровне святые одежды помогают нашей душе устоять в испытаниях этого мира.

Упоминается в святой книге "Зоhар", что человеку важнее всего освятить себя в момент брачного единения, чего, к сожалению, не соблюдают несведущие. Нет такой души, которая не обладала бы одеянием, происходящим от отца и матери. Все заповеди человек исполняет под влиянием этого одеяния и т.д. И даже мера изобилия, даруемая небом, все блага, которые он получает, даруются ему посредством этого одеяния.

Брачное единение в святости, то есть в то время, когда муж и жена разрешены друг другу по законам Торы, и так же святые мысли во время этого брачного единения способствуют тому, что душа ребенка, которому предстоит родиться, получает святое одеяние, которое свободно пропускает свет Всевышнего, несущего благословение.

Сообщив это святое одеяние душе своего ребенка, его отец и мать, тем самым, повышают его шансы преуспеть в жизни как духовной, так и материальной.

К счастью, даже если вы раньше не соблюдали Таарат Амишпаха, и у вас уже родились дети, вы можете ретроактивно благотворно повлиять на их души и судьбы, немедленно приняв на себя исполнение этой заповеди и распространение знаний о ней.

Погружение в миквэ (ритуальный бассейн с проточной водой) - это главная и неотъемлемая часть соблюдения заповеди Таарат Амишпаха.

После соответствующей подготовки еврейской женщине достаточно окунуться в воды миквэ на несколько секунд, и она выйдет оттуда в святой чистоте, а дети ее будут кашерными (духовно чистыми) евреями.

Поэтому так жизненно важно соблюдать законы семейной чистоты с самоотверженной точностью, а не кое-как, ведь все хотят совершенного ребенка, а не так себе!»

Раббанит Гендель продолжала говорить, иллюстрируя свою речь примерами. И стало понятно, что то, что я и мои подруги что-то не знаем, не понимаем и не делаем, происходит от недостатка того же знания. Раббанит принимала нашу проблему, как свою личную. В ее голосе звучала истинная боль за каждую еврейскую женщину, по разным причинам недостаточно сведущую в законах о чистоте семейной жизни. И эта боль, тревога за будущее еврейской семьи побуждали раббанит приезжать раз в две недели, на протяжении года, на урок из Цфата в Нетанию. Ее путь занимал 2.5 часа в один конец, простая арифметика - 5 часов в дороге... с воспалением легких из-за поездок в дождь и снег, или с головной болью от израильской изнуряющей жары...

"Ой, гевалт!"- подумала я в какой-то (не иначе, как судьбоносный) момент. Жизнь и благополучие еврейской семьи напрямую зависит от точности и самоотверженности в выполнении этой заповеди!

Слава Б-гу, я удостоилась выполнять законы чистоты семейной жизни! Но так ли уж детально и скрупулезно?

Кто же знал что это ТАК важно?! Но, как говорится, о прошлом не плачут. Мой план действий, с Б-жьей помощью, стал таков:

1. Ревизия и переоценка ценностей - срочно;

2. Попросить Благословение у Ребе - досрочно;

3. Посоветоваться с раббанит Гендель, как исправить и улучшить положение - параллельно.

Я всегда советуюсь и прошу благословения у Любавичского Ребе, (Менахем Мендель Шнеерсон) посредством сборника его писем, так называемых Игрот Кодеш. Как это делают? Пишут письмо с просьбой. В письме указывают вопрос или проблему и в качестве подготовки принимают на себя тонкость в исполнении определенной заповеди, дают цдаку и т.д. и просят ответ и благословение.

Письмо вкладывают в любой из томов сборника писем Ребе - Игрот Кодеш. Затем открывают книгу на той странице, на которую попало письмо, и читают письма Ребе на этом развороте. Часто бывает, что письмо Ребе, которое вам по Б-жественному Провидению открылось, хотя и было написано много лет назд другому человеку, отражает вашу ситуацию, вы и воспринимаете это как ответ Ребе вам лично.

Рабби через "Игрот Кодеш" благословил меня на деятельность по распространению знаний о чистоте еврейской семейной жизни;

Раббанит Гендель, с Б-жьей помощью, дала мне такой заряд воодушевления, что уже через 7 лет я не могу (и не хочу) остановиться; и работы все прибавляется, да я и сама ее ищу, а уж как она -то меня ищет!

А теперь вопрос номер 2, на засыпку: "Что я с этого имею?"

То, что я по воле Б-жественного Провидения и с Б-жьей помощью с этого имею... не выражается в деньгах!

- Разве измеришь денежными знаками счастье видеть лицо женщины, впервые окунувшейся в миквэ?

- И в какую сумму можно «оценить» ребенка, родившегося после этой миквэ (через 12 бесплодных лет) ?!

- Есть ли цена счастью одинокой женщины, нашедшей наконец- то свою половину после принятия на себя решения соблюдать заповедь чистоты семейной жизни после замужества?!

- Во сколько можно оценить семейное счастье уже повзрослевших детей, каждому из которых далеко за 30, Которые женились только после того, как их уже пожилые родители поставили себе хупу?

- И сколько стоит восстановленный мир в семье?

- И разве не дороже самих денег душевное спокойствие и благополучие семьи молодого мужчины, который вдруг снова стал зарабатывать эти самые деньги, потому что его уже пожилая мама, окунувшись в миквэ, принесла ему дополнительное благословение (смотрите рассказ "Двое держатся за талит", стр. 72)?

- И сколько стоит наш нахес от наших детей и нахес наших детей от нас?!

Слава Всевышнему, Благословенно Его Святое Имя, нам, евреям, он дал, как выразилась одна из моих подруг, "секретное оружие" под названием "чистота семейной жизни", которое защищает нас и наших детей и внуков на протяжении всех поколений.

Выполняя эти законы и распространяя знания о них, мы удостаиваемся чувствовать постоянное присутствие Всевышнего и быть участниками и свидетелями множества знамений и чудес. Сделав, и часто с трудом, всего один шаг навстречу Всевышнему, мы вдруг видим, что Всевышний устремляется и приближается к нам на 100 шагов - и Он направляет и опекает нас, помогает нам и спасает! Ведь мы же Его дети!

Пиши к Ребе!

У мужа одной женщины (возраст – чуть старше 50) врачи подозревали опухоль в голове. Рухама уговорила ее попросить у Ребе благословение.

В ответе Ребе писалось о срочной необходимости уладить все вопросы, связанные с *миквэ*. Получив такой ответ, женщина сразу решилась поучиться и окунуться в *миквэ*. Пришла она туда с подругой.

В *миквэ* неожиданно оказалось, что у нее патологический страх воды, она не решалась окунуться, как положено, с головой. Дежурная по миквэ позвонила Рухаме и говорит: я не могу ей зачесть ни одно погружение...

Все были расстроены: эта женщина, ее подруга, *баланит* и Рухама. Ведь она старается исполнить заповедь, как Всевышний того хочет! Не может быть, чтобы все усилия пропали даром!

Подруга этой женщины сказала Рухаме по телефону:" Пиши Ребе!" Рухама не заставила себя ждать и написала. В ответе Ребе высказал радость по поводу визита женщины и пожелал ее мужу выздоровления.

Через минуту опять позвонила дежурная, и сказала Рухаме, что все же одно кошерное окунание было той женщине зачтено. Рухама ответила, что уже поняла это из ответа Реббе. Дежурная сказала: я теперь всегда буду советоваться с вами, хабадниками, вы все знаете!

После окунания жены страшный диагноз мужа не подтвердился, и он вскоре выздоровел.

Ребе обещает

Отрывки из писем Любавического Ребе.
Игрот Кодеш, перевод Люба Перлова

Мир в семье и здоровье

Том 10, стр. 366

То, что вы пишете, что не окунаетесь, и не живете друг с другом как полагается еврейскому мужу и еврейской жене,- это не хорошо. Нужно укрепиться в вере во Всевышнего. И если вы будете соблюдать законы и правила *Таарат Амишпаха,* как это заповедано в нашей Торе Жизни, это притянет и прибавит Мир в вашем доме. И посредством Мира добавятся Благословение и Удача. И в придачу к этому придет улучшение в здоровье вашего сына...

Выздоровление ребенка

Том 9, стр 91 (свободный перевод)

В ответ на ваше письмо … в котором вы пишете по поводу вашей дочери... Параллельно с работой и действиями по оказанию ей медицинской помощи обычными, земными путями, нужно также предпринимать действия в духовном плане, а именно прибавить в вашем соблюдении *Торы* и Заповедей.

... в первую очередь нужно выяснить: родилась ли она в то время, когда вами соблюдались законы *Таарат Амишпаха,* или нет? Я надеюсь, что вы не сердитесь на меня за такую постановку вопроса, ... но не должно быть стеснения, когда речь идет о здоровье еврея...

И если не дай Б-г эти законы не соблюдались, то вам и вашей супруге, в добавление к тщательности исполнения Таарат Амишпаха с настоящего времени и далее, необходимо прибавить энергию в распространении и популяризации законов *миквэ*. Это станет частичным исправлением вышесказанного. В любом случае, ваша супруга должна откладывать мелкие деньги на *Цдаку* перед зажиганием свечей Субботы и праздников, а также по понедельникам и четвергам по утрам. Вы тоже откладывайте на Цдаку перед молитвой по понедельникам и четвергам, и читайте *Теилим* по числу дней месяца. Так же, проверьте *Мезузы* в доме, все ли кошерные. И Всевышний, Благословен Он, удостоит вас сообщить хорошие вести обо всем, о чем упоминается выше, и в особенности об улучшении состояния здоровья вашей дочери...

С благословением...

`...когда вы прибавите усилия со своей стороны, то вам и вашей семье прибавятся благословения свыше...

Рождение детей

Том 24, стр 118

... часто случается, что задержка в благословении Всевышнего детьми является следствием недостаточного соблюдения законов *Таарат Амишпаха* (*Нида*, *Эфсек Таара*, погружение в кашерную миквэ и т.д.) из-за отсутствия достаточных знаний, поэтому вам необходимо обратиться к раввину за советом, ради того, чтобы исполнять эту заповедь как положено с настоящего времени и далее...

Чудо Пурима

Рухама: «Недавно я встретилась со своей знакомой.

- Ну, как твоя дочка, продолжает ходить в миквэ?

- Представь себе, да! Она очень педантична в этом!»

Хотите узнать, что предшествовало этому диалогу?

Пару лет назад, дочь моей знакомой, Инна, долго не могла забеременеть. Курсы лечения не помогали. Дело было близко к Хануке. Рухама пригласила молодую женщину к себе домой. Та пришла. Рухама объяснила Инне, что тот, кто хочет получить благословение в ответ на его сокровенную просьбу, подобен человеку, желающему, чтобы зерно, которое он хочет посадить, поросло. Сперва он должен подготовить почву: вскопать землю, подготовить лунку, бросить семя, полить. Сделав со своей стороны все необходимое, он будет ждать, молиться и надеяться, что Всевышний, Благословен Он, пошлет достаточно солнечных дней и благодетельный дождь, и зерно прорастет.

Так же, чтобы получить благословение, человек должен подготовить почву тем, что, к примеру, возьмет на себя исполнение или более тщательное выполнение какой-то заповеди: даст *цдаку*, проявит заботу о ближнем, и т.д. Тогда он может надеяться, что Всевышний ответит на его просьбы и молитвы.

Инна написала Ребе письмо с просьбой, ведь мы получаем благо от Всевышнего для себя посредством праведника. В письме она указала, что в качестве подготовки она приняла на себя исполнение заповеди о Чистоте Семьи, и попросила благословение, чтобы решилась ее проблема с бесплодием.

Письмо было вложено наугад, в один из томов сборника писем Ребе - *Игрот Кодеш*. Затем они открыли книгу на той странице, на которую попало письмо Инны, и прочли письма Ребе на этом развороте. То что особенно бросилось в глаза в ответе, была фраза: "чудо Пурима". Рухама нашла для Инны русскоговорящую мадриху, с тех пор Рухама ее не видела.

Летом Рухама встретилась с матерью Инны. Оказалось, Инна беременна!

Задумавшись, Рухама спросила: "Небось на пятом месяце?"

- Как ты угадала?,- удивилась знакомая.

- Простой подсчет: "С Пурима прошло около пяти месяцев! Вот тебе и Пуримское чудо!

Раин Шиддух

А вот еще история, которую рассказала мне Рухама:

Ее знакомая Рая приехала в Израиль в 50-летнем возрасте. Вскоре она стала соблюдать еврейские традиции. Ее муж, нееврей, честно пытался прийти к еврейству, но, в конце концов решил, что это не для него, и они решили развестись.

Рая осталась одна. Она переживала, что не может исполнить заповедь о миквэ. Незамужней женщине можно окунуться в миквэ только невестой, готовящейся к свадьбе.

Рухама сказала ей: - Напиши Ребе! Если ты хочешь исполнять все заповеди, хочешь ходить в миквэ - тогда попроси Благословение на *Шиддух*, найти спутника жизни!

...Уже через 3 месяца она встретила своего будущего мужа. Назначили день свадьбы.

Рая старательно училась и готовилась к миквэ.

Миквэ находилась неподалеку от синагоги. В тот день, когда Рая шла окунаться, по улице проходила торжественная процессия внесения нового свитка *Торы* в ту синагогу. Она поравнялась с шествием, и так и шла рядом всю дорогу. Раин жених стоял в здании, на втором этаже и смотрел в окно, он увидел перед собой незабываемую картину: его невесту Раю, идущую рядом с *Торой*.

Рае так понравилось в миквэ, что после свадьбы ей не терпелось опять туда попасть. И вот, неожиданная радость: вернулись месячные! Рая вся сияла! Говорила:"Папа (так она зовет Б-га) дал мне возможность окунуться еще раз!"

Важно знать, что, даже если месячные далеко позади, остаются вещи, связанные с миквэ, и их ты можешь продолжать соблюдать. Это: Цниют - скромность в поведении и одежде, и Кдуша- святость, быть достойной частью еврейского народа, народа Всевышнего!

А мне пока не надо!

Эту историю рассказала подруга Рухамы, Йудит.

У одной молодой пары не было детей. Курс лечения не помог. Как появилось у них желание поставить *Хупу*, Йудит не знает. Молодую женщину направили к ней от раввината. Начался инструктаж. На первых порах женщина просто не хотела воспринимать уроки и сидела с отсутствующим взглядом, посматривая на часы и с нетерпением спрашивая сколько встреч еще осталось... Но вот, на третьем уроке, "лед тронулся", молодая стала учиться с интересом. В конце невеста пообещала своему инструктору, что исполнит все, чему та ее научила.

Через какое-то время после свадьбы Йудит позвонила ей, спросив, может, та хочет продолжить уроки по теме миквэ, на что женщина ей ответила: "А мне пока не надо... Я жду ребенка!"

Прямая стала волнистой

Рухама Розенштейн - консультант по законам миквэ рассказывает о своем первом клиенте:

-Когда я только начинала свой путь в качестве консультанта, я попросила Ребе удачи в этом деле. Ребе дал мне благословение.

И вот, вскоре клиенты сами нашли меня! Позвонила моя родственница и говорит, как мне показалось, иронически:

- Рош а-Шана скоро. Ты небось на свои уроки ходишь? Ну, что новенького ты там выучила? Какие-то хорошие решения ты на себя взяла? Может и мне, что- то принять? Посоветуй, что ли?

- Ну, давай!

- Только Кисуй Рош (покрывать волосы) не предлагай!

- Не хочешь, ладно. А как насчет миквэ?

- Договорились!

Я нашла ей миквэ по месту жительства, да еще с русско- говорящей баланит. Когда я с родственницей пришла, баланит почему- то уверенно сказала:

- Ей это поможет со здоровьем!

- Почему ты так уверенна?

- Потому что у меня есть своя история, но я ее никому не рассказываю!

Я пристала к ней,- "Расскажи!". После уговоров и трех телефонных звонков, баланит согласилась рассказать. "Мой отец- сердечник. Он страдал закупоркой сосудов сердца. Эффективность работы его сердца была 15%. Как его самочувствие выглядело на практике?

У него был сильный отек тела, передвигался на коляске, весь опухший, он был подключен к кислороду все 24 часа в сутки. Примерно раз в неделю случались обострения, и приходилось везти его в госпиталь, в реанимацию.

Я говорила маме не раз:" Пойди окунись в миквэ!",- но она и слушать не хотела, ответ был: все чепуха и предрассудки. Но вот мой отец попал в реанимацию в очередной раз. Мы с мамой стояли у монитора и увидели зловещую прямую линию. Мама испуганно шепнула мне: "Я решила, я пойду в миквэ!"

Линия сразу пошла зигзагообразно.

Я маму проинструктировала, и вскоре она окунулась. В то же время происходили изменения в здоровье моего отца. Сперва ему изменили курс лечения, он почувствовал себя лучше и вскоре вернулся домой. В течение месяца он стал как будто другим человеком. Кислородные трубки окончательно отменили, отек прошел, он стал ходить в бассейн, делать пробежки и играть с внуками. Отец вернулся к полноценной жизни."

Вообще,- говорит Рухама, - как медсестра, работающая в гериатрическом отделении госпиталя, я встречалась с таким явлением, когда во время чтения Псалмов прямая линия монитора возвращалась к волнистой.

Заповедь, изменившая нашу жизнь

Тами, Израиль

Заповедь о чистоте семейной жизни – первая заповедь, которую мы с мужем взяли на себя. Это действительно та заповедь, которая полностью изменила нашу жизнь. Познакомились мы с моим будущим мужем в армии. Решили пожениться сразу же после демобилизации. Про соблюдение мицвот мы в то время еще даже и не думали, но перед свадьбой я пошла в миквэ, несмотря на обилие советов от разнообразных знакомых, как избежать этой, по их словам, малоприятной процедуры.

В миквэ я пошла с мамой. Нас встретила баланит – чудесная женщина Лея. Во многом благодаря ей мне так понравилось в миквэ. Лея была настолько деликатной и внимательной, что я не чувствовала ни малейшего стеснения или неудобства. Окунувшись, я почувствовала, как будто заново родилась. Легкость, чистота, святость - просто не передать словами. Я поняла, что буду ходить в миквэ всегда, просто не смогу иначе.

После свадьбы я поставила мужа в известность, что отныне мы будем соблюдать чистоту семейной жизни. Он согласился, хотя и не понял, зачем это надо. Но со временем оценил. Ежемесячное отдаление помогло нам сохранить свежесть и остроту чувств, желание и влечение.

Беременности наступали быстро, а роды были легкими - я не забывала окунуться в миквэ на девятом месяце. Это не закон, а «помогающий нюанс» - окунаться перед родами.

Мицва притягивает мицву, и вскоре мы стали соблюдать кашрут (с кашрутом тоже связана целая глава нашей жизни), шабат, я стала носить юбки и кисуй рош (покрывать голову). Совершенно незаметно и естественно муж обзавелся внушительной бородой и сменил вязаную кипу на черную, а я - платочек на парик. И вот, уже мы полноправные члены хабадской общины.

Удачный опыт физика

Сара, США

Я родилась на Украине, моя семья эмигрировала в Америку, когда мне было 17 лет. Мой процесс возвращения к соблюдению заповедей Иудаизма был не быстрым, начиная с мечты лет в 15 и заканчивая полным соблюдением к 24 годам. Я не принадлежу направлению Хабад или хасидизму. В моей понимании полное соблюдение заповедей уживается с жизнью, не изолированной от американского общества.

Я получила хорошее образование в одном из лучших университетов Америки, и ращу детей, надеясь, что и они получат хорошее образование и профессию и умение функционировать в американском обществе, оставаясь верными еврейским заветам Торы.

Так как я соблюдала заповеди до замужества, то заповедь семейной чистоты мы с мужем соблюдали с самого начала. Я по профессии физик, и мое мышление скорее математически-аналитическое, чем эмоциональное. Заповедь семейной чистоты, со всеми ее деталями, не всегда полностью понятна и кристально ясна, со всеми причинами. Конечно, есть множество красивых объяснений и басен, как эта заповедь улучшит вашу жизнь и как она может привести к чудесам. Но я живу не ради чудес, и меня вдохновляют не сентиментальные соображения.

Есть некоторые вещи в нашей жизни, которые невозможно полностью понять и описать словами - их можно понять только через личный опыт.

Вы когда нибудь пробовали описать вкус апельсина человеку, никогда не пробовавшему цитрусовых? Любовь матери к ребенку, душевная боль и душевный экстаз - их нельзя понять по описанию, их надо пережить. Мицва семейной чистоты - одно из этих таинств. Только строго выполнив все ее детали, мое тело и душа прочувствовали часть потенциала человеческого счастья, скрытого в этой мицве. Человек - это совокупность силы интеллекта, силы души, и осязаемого физического тела.

Заповедь семейной чистоты объединяет и призывает к интеграции все эти компоненты, и это можно прочувствовать только через личный опыт. Можно думать, писать, рассуждать, но, не исполнив ее в вашей жизни, вы лишите себя маленького личного чуда. Попробуйте, вы не пожалеете, и миквэ станет регулярным праздником в вашей жизни!

Драян миквэ, Калифорния

Ее звездный час

История эта произошла в Израиле. Мать троих детей — назовем ее М. — перенесла тяжелое заболевание крови, вследствие которого ей прописали полтора месяца уколов в живот и пожизненное лекарство в таблетках.

Уколы поначалу давались ей довольно легко, но уже через пару недель трудно было найти здоровое место для очередных инъекций. Теперь перед каждым уколом она плакала и молилась Всевышнему, и просила принять ее страдания в качестве искупления грехов. Полтора месяца прошли как в кошмарном сне. Затем перешла на таблетки и регулярные анализы крови. Врачи сказали, что беременность в течение этого года опасна для ее жизни. Ну а потом, если ей так захочется, придется колоться всю беременность, и еще какое-то время до и после, так как лекарство в таблетках опасно для плода.

В принципе ей хотелось еще детей, но было легче свыкнуться с мыслью, что больше рожать не будет, чем представить, что придется колоться таким образом около года, да еще в беременный живот... Шло время, М. продолжала принимать лекарства. Однажды, ее муж совершенно неожиданно для нее, сказал: «Мне мало троих детей...» М. была в замешательстве: если бы не эти уколы, ей конечно бы тоже хотелось иметь больше детей. С другой стороны, уговаривала она себя, каких-нибудь жалких 10-12 месяцев уколов, зато результат какой!

Она решила обратиться к Ребе через «Игрот Кодеш». В одном письме, на развороте, было поздравление с рождением ребенка, в другом Ребе давал благословение на выздоровление и надежду, что в скором будущем отпадет необходимость в лекарстве. Первое придало ей уверенность: она справится с уколами. Читая второе письмо она ухмыльнулась, — ведь врачи прописали ей пожизненный прием лекарства!

Уколы начала заранее, дважды в день, как когда-то. Начались мучения, как и раньше... И главное... Уколы сильно разжижали ее кровь и отдаляли ее поход в миквэ, а это катастрофически уменьшало ее шансы забеременеть в тот месяц.

М. снова написала письмо Ребе. Ребе посоветовал обратиться к дополнительному специалисту. На следующий день она участвовала в Съезде Женщин Хабада в Иерусалиме. Съезд был посвящен рождению детей. Со сцены прочитали письмо Ребе, в котором он убеждает женщин не бояться рожать как можно больше детей и обещает, что их здоровье только улучшится от этого. И кто знает, может «потом» уже не будет шанса...

На съезде одна женщина дала подержать М. доллар Ребе, и во время перерыва М. смогла дозвониться до профессора Н. и договориться о срочной встрече частным образом. На встрече профессор Н. как следует отругал ее лечащего врача: М. должна была колоться не дважды, а только один раз в день!

Для М. это принесло огромное облегчение. Тем не менее, дата миквэ выпала за 2-3 дня до следующего, требуемого законом, отдаления от мужа... Теоретически шансов забеременеть в этот раз почти никаких. Но одно дело теория, другое — благословение Ребе. М. была уверена — день миквэ — ее звездный час...

В миквэ была очередь в фойе из 5-6 женщин. Все сидели и молчали... Но М. было неспокойно. Она недавно побывала в «770», и не видела там ни разу женщин, которые сидят друг с другом молча, или праздно беседуя. Там, в «770», женщины, оказавшись рядом, учили хасидут, беседы Ребе. Кто-то начинал, кто-то подхватывал. Ее внутренний голос говорил ей: «Нужно начать урок среди присутствующих женщин. Кто станет инициатором, если не я? Промолчу сейчас, потеряю свой шанс». Сердце М. застучало часто. Она чувствовала, это ее шанс, сейчас, в очереди в миквэ.

Но кто она? Как она может их чему-то учить? Она родилась в России, вернулась к вере недавно, кто она по сравнению с этими дородными, учеными женщинами?

М. оглянулась по сторонам и заметила на столе листок по недельной главе Торы. Она бегло просмотрела его, одна статья привлекла ее особое внимание. Тема статьи — пророчество. Во времена Мошиаха пророчество вернется к еврейскому народу, и даже самый простой еврей, еврейка, даже ребенок будут пророчествовать. Дрожащим от волнения голосом, М. начала читать статью вслух.

Посетительницы миквэ восприняли это с энтузиазмом, завязалась интересная дискуссия, по мере которой, женщины шли окунаться, и приходили новые...

Выйдя из миквэ М. чувствовала эйфорию. Она была счастлива, что преодолела свою робость, саму себя. Она шла домой уверенная на все сто процентов — сегодня она забеременеет, и у них обязательно родится мальчик!

На следующий день М. сидела на своем рабочем месте и увлеченно работала. Вдруг она почувствовала, как будто волна прокатилась внутри. Она замерла в трепете, ее глаза просветлели, она тихо улыбнулась себе самой. С этого момента М. поняла, что беременна.

Всего через пару дней М. сделала анализ, получив «официальный» ответ. Врач сказал ей: «Надеюсь вы понимаете, что по медицинским понятиям, произошло чудо?»

В течение беременности М. пришлось делать сложный анализ. Она опять через «Игрот Кодеш» попросила и получила благословение Ребе. В письме было сказано: «Благословение на анализ/операцию...»

Пришло время рожать. М. приехала в госпиталь со схватками. Врач, осмотрев ее, предложил ей на выбор: «Или ты остаешься, мы ускоряем тебе роды, и через пару часов „все" будет позади. Или ты идешь домой. Тебе решать».

М. попросила дать ей время подумать. Конечно, было соблазнительно остаться, но кто такой этот доктор, чтобы решать, когда человек должен родиться?

Она опять обратилась к Ребе, через сборник "Игрот Кодеш" за советом: оставаться, или уходить? Открылось общее письмо на тему образования еврейских детей. Ничего конкретного, кроме... даты. Письмо было датировано 24 Нисана, а тот день был 22 Нисана.

М. поспешила назад и сообщила врачу, что уходит домой. Врач был удивлен и пригласил ее назавтра на очередной осмотр. На следующий день, когда она вернулась, врач сказал М.: «Все без изменения. Я понимаю, ты опять предпочтешь идти домой?» Был вечер, начинался 24-го нисана, она ответила: «Я остаюсь. Сегодня я должна родить. Но я не хочу ускорителя. Дайте мне час-полтора, потом проверьте снова.»

Через полтора часа врач уже не хотел ее отпускать. М. сделали кесарево сечение, оказалось ускоритель родов был крайне опасен (помните, ответ Ребе: «анализ/операция»?).

24-го нисана родился мальчик. Все были счастливы. Ну может, его старшая сестричка не очень. Она сказала: «Когда я была в „770", то просила у Ребе, чтобы родилась сестричка, а родился снова братик!»

Когда младенца принесли к матери, на его казенной распашонке М. увидела вышитую желтую корону. Это вызвало у нее ассоциацию с Мошиахом. После родов М. снова навестила профессора Н., который, к ее удивлению, отменил ей окончательно прием «пожизненного» лекарства.

Под кухонным столом

Шломо Залман Зоненфельд
Перевод: Люба Перлова

До октябрьской революции 1917 года в г. Киеве были сотни синагог и десятки микв, которые обслуживали многочисленное еврейское население. Всего этого уже не существовало в мое время, за исключением синагоги на Щековицкой улице, недалеко от нашего дома, и пару небольших «штибелах». Я не знаю как шли дела в этих штибелах,- наша "большая" синагога в будни насчитывала от силы миньян из десяти мужчин, и всего лишь около пятидесяти в Шаббос. Бльшинство посетителей составляли пожилые. Молодые люди предпочитали не «светиться» своим присутствием в синагоге.

Что касается микв, то, поскольку они не являлись особыми туристическими достопримечательностями, то Сталин приказал все их закрыть.

Однако в Киеве, несмотря на это, мой Татте (папа, на идиш) не собирался так просто сдаваться коммунистам.

Так как наша квартира находилась в подвале, мы вырыли яму под столом, размером, достаточным для кошерной миквэ. Мы покрыли внутренние стены водоупорным цементом и из него же сделали люк. И миквэ была готова к наполнению.

Заполнить миквэ по правилам закона Торы могло бы быть проблемой где угодно, только не в России, где снег лежит по полгода. Все, что нам оставалось сделать,- это заполнить мешки снегом, а затем высыпать его в миквэ. Как только снег таял, наша миквэ становилась идеально кашерной. Разумеется, вода в ней была ледяная. Мы нашли способ опускать в воду самовар, полный раскаленных углей. Этот метод поднимал температуру воды.

Бывало, женщина, преодолев поездом расстояние в сотни километров, приезжала только ради того, чтобы окунуться в миквэ, и, как нарочно, именно в тот день, когда наш самовар не работал. Вам бы не поверилось, чтобы кто- то отважился погрузиться в ледяную воду с головой, да еще посреди русской зимы, но эти женщины окунались.

Моя мама говорила, что "Если женщина погружается в лед, ее детям не придется гореть в огне Геинома".

Люк от миквэ был тяжелым, его нужно было с силой тянуть за железное кольцо, которое Татте прикрепил к крышке. Мама делала из этого ритуал: она всегда давала честь открыть этот люк той женщине, которая пришла окунуться. Когда та наклонялась, чтобы ухватиться за это кольцо, мама говорила короткую речь из глубины сердца, что всегда было характерно для нее:

"Дочь еврейского народа, это железное кольцо на самом деле- звено к золотой цепи, что соединяет тебя и меня с нашими святыми Матерями - Сарой, Ривкой, Рахелью и Леей - и со всеми благочестивыми женщинами в каждом поколении. Помни! Цепь крепка, покуда крепко в ней каждое звено. Если, не дай Б-г, звено разорвется, то испортится вся цепь, с начала и до конца. Так что ухватись покрепче, это звено твое, и гордись тем, что ты поддерживаешь золотую цепь святости, что сохраняет свою целостность уже на протяжении четырех тысяч лет."

Реб Лейбе - дежурный по миквэ

Шломо Залман Зоненфельд
Перевод: Люба Перлова

После кончины Сталина ограничения, направленные против религии, были частично ослаблены. Нам даже разрешили построить общественную миквэ неподалеку от синагоги, на Щековицкой улице. Но хотя коммунисты и стали относиться мягче к нам, они оставались все теми же коммунистами, и еврейская жизнь была далеко не легкой. К примеру, следуя указанию Сталина, миквэ разрешили держать только в некоторых городах, в которых было туристическое бюро. Только этого было бы достаточно нам, чтобы понять, что весь этот либерализм - показной.

И вот, опять возникла проблема с миквэ. Мы получили разрешение на постройку миквэ, но не было распорядка работы; миквэ открывалась только по заранее оговоренному времени. И когда дежурный по миквэ шел получать дрова из государственного склада для обогрева здания, в его обязанность входило заполнить специальный бланк, в котором нужно было указать, для кого миквэ открывается: имя, адрес, и прочие детали. Конечно, никакого отношения к религии это не имело...; так, просто бюрократия (если вы столь наивны, чтобы поверить в это)! Нет необходимости подчеркивать, что этого было достаточно, чтобы напугать большинство женщин. Жизнь была сложна и без этого; получить "известность" в руководящих органах своею чрезмерной набожностью значило лишний раз нарываться на беду.

Нужно было что то делать, но все были слишком испуганы, чтобы что-либо предпринимать. Все, кроме моего Татте. Он взял на себя должность дежурного по миквэ, и под его защитой посещающие не должны были больше бояться. Позже он рассказывал полушутя, полу всерьез: " Я прошел много разных этапов в моей жизни. Когда был молод, я был студентом ешивы, затем промышлял шкурами; потом стал охранником в колхозе, после я руководил столярной мастерской для соблюдающих Шаббат; потом чинил матрасы. Пик моей карьеры пришелся уже на зрелый возраст, когда люди дали мне героическое звание: "Реб Лейбе, дежурный по миквэ.""

Как ему это удавалось? Итак, если женщина уже была известна органам как "чрезмерно" религиозная, обычно ее уже не волновало, что им станет известно еще что-то о ней. Поэтому очень часто Татте записывал, что открывает миквэ для моей мамы. И так как было еще много пожилых женщин, которые исполняли заповедь, сопровождая женщин помоложе, то не было проблем записать имя пожилой вместо молодой. Как я и говорил, этим женщинам было уже безразлично, что это станет известно органам. " Если суждено попасться, то все равно - за мелочь или за что-то крупное", говорили они. Понятно, что всегда КГБ следило за теми, кто пришел в миквэ, но молодые женщины попросту одевались в старые, рваные вещи и низко повязывали свои бабушкины платочки, так что кто угодно поверил бы, увидев их, что перед ним старушки.

Вдобавок, были работающие женщины, которым удавалось уговорить сочувствующего врача дать им справку по болезни, только для того, чтобы проехаться сутки на поезде до Киева, чтобы погрузиться в миквэ. Для них было особо опасно оказаться в списках посетителей миквэ, в то время, когда они по идее должны были находиться в своем доме и болеть! Но опять- таки, Татте находил пожилую женщину, которая соглашалась оказаться в списке вместо нее.

Сам он никогда не смотрел на приходящих в миквэ женщин. Соблюдая еврейские правила скромности, он заполнял миквэ, согревал воду, а затем садился у входа и погружался в изучение Торы, в то время как Мама или другая пожилая женщина помогала при окунании.

Глубина

Рассказ Фриды Сосонкин

*Записано с ее речи на вечере в пользу
организации Миквэ Исроэл в Флетбуш,
Бруклин, Нью Йорк зимой 1992*

Дорогие женщины, когда я посетила миквэ тут, в Бруклине, я увидела и ощутила комфорт и роскошь во всем: в самой миквэ, ванной, комнатах и во всей обстановке. И когда я уже была готова уходить, мне захотелось еще чуточку задержаться в миквэ. Я закрыла глаза, и мои мысли обратились в былое, мне вспомнилась та миквэ, которой мы, еврейские женщины, пользовались около 30 лет назад, в Ташкенте...

Во время II Мировой Войны мы были эвакуированы из Украины через Самарканд и прибыли в Ташкент, столицу Узбекистана. Тысячи других евреев беженцев стекались туда из разных концов страны. Была лишь одна миквэ на заднем дворе синагоги, и все мы ею пользовались. Мы называли ее "интернациональной" миквэ, так как мы представляли разные республики. Неожиданно, после войны, летом 1962, власти закрыли эту единственную миквэ в Ташкенте, городе, в котором было так много евреев!

Спустя несколько недель до меня дошли слухи, что открылась миквэ для женщин. Я спросила свою подругу, и она сказала, что и вправду, есть миквэ. Она уже там побывала, и когда мне понадобится, она пойдет со мной. Но держать это в секрете!

В положенный день я подготовилась и мы пошли туда вместе. Разумеется, мы пришли на тот же задний двор синагоги. Она позвала женщину, которая работала раньше в миквэ и жила в том же дворе. Женщина вышла и повела нас в сторону от той миквэ, которая была закрыта и запечатана. Подняла с земли крышку, под крышкой оказался колодец. Этот колодец возле миквэ был выкопан много лет назад.

Миквэ считается кошерной, только если ее вода в контакте с Маим Хаим,- проточной натуральной водой. Для этого, первоначальные строители построили другой резервуар, возле миквэ, намного глубже, и заполнили его дождевой водой. В Ташкенте дожди редки, поэтому рядом с миквэ был вырыт этот колодец. И так как Ташкент расположен в горах, им пришлось копать колодец на очень большую глубину.

Было решено, что пока будет построена другая секретная миквэ для женщин, мы будем пользоваться этим колодцем как миквэ. Так как вода эта – колодезная, из природного источника, она на сто процентов кошерна для погружения.

Внизу стоял стол, две длинные лестницы были соединены вместе, одна приставлена к концу другой, и конец образовавшейся длинной лестницы был прислонен к тому столу в колодце. Дежурная по миквэ взяла ведро с горячей водой, и вылила в колодец, и, как мне показалось, это было как капля в океане. Когда я ступила на первую ступеньку лестницы, я почувствовала ледяное дыхание воздуха, поднимавшегося из колодца. Я посмотрела вниз, - было так темно и так глубоко, что вода была еле видна. Я спускалась все глубже, пока моя нога едва коснулась воды, я ощутила холод, как будто в ногу вонзились иглы, я инстинктивно сразу же отдернула ее. Я попробовала другой ногой,- то же самое. Я омыла свои губы, руки, лицо... И опять, закрыв глаза, я опустила ногу глубже... все тот же обжигающий холод. Никогда в своей жизни я не ощущала такого жуткого холода. И я решила, что пойду наверх обратно, не окунаясь, думала, что подожду пока, с Б-жьей помощью, построят другую подпольную миквэ.

Но в этот самый момент, я услышала голоса двух женщин, которые вошли во двор, тоже окунуться. Одна из них - моя подруга, ее голос я узнала. Она моложе, чем я, мать семерых детей. С этого момента я стала думать: что будет, если я сейчас развернусь и выйду из этого колодца-миквэ? Те женщины, узнав, что вода такая холодная, испугаются, и даже не попытаются окунуться! Они развернутся и разойдутся по домам. Пришли бы эти женщины сюда позже, никто бы им ни не сказал, что я не смогла погрузиться. Но теперь я стану для них наглядным доказательством, что окунуться в эту миквэ невозможно. А это очень плохо.

Мы жили в Советской России, где коммунистический режим, полностью уничтожил религиозную жизнь. Раввины, шохеты, учителя, все были сосланы в Сибирь. Многие не вернулись. Но все же еще были те, кто учил Тору и соблюдал заповеди, и делали они это с еще большим самопожертвованием. Всевышнему было угодно, чтобы мы жили в этой стране. Соответственно, Он дал нам необходимые силы жить в этом месте, исполнять тут заповеди и учить Тору. И вот мы здесь, три еврейские женщины, готовящиеся погрузиться в миквэ. Неужели холодная вода станет оправданием, чтобы не исполнить заповедь?

И еще мне подумалось, что может вмешаться злое начало, ведь оно знает свое ремесло. Муж моей подруги работает по ночам на заводе. Моя подруга вернется домой огорченная и уставшая после тяжелого дня. Она станет ждать своего мужа, чтоб сказать ему, что ей не удалось окунуться. И может, заснет в долгом ожидании. Вы бы посоветовали ей оставить ему записку, но сколько раз так бывало, что вы хотели сделать что-то важное, и забыли? Или ее муж придя домой не обратит на записку внимания. Злое начало об этом позаботится, можете не сомневаться! Придет муж, и не будет никакого шанса предупредить его, что она не была в миквэ. И может случиться катастрофа... А та, другая женщина... Злое начало вмешается и там. И еще одна катастрофа может произойти, не дай Б-г. А вина будет на мне. Как я буду жить с этим? Нет. И я решила, во что бы то ни стало, я обязана погрузиться в этот колодец.

Я делала попытки еще и еще раз, но безуспешно. Вода была настолько холодная ... это было просто невозможно. И мне пришла в голову идея, что нужно занять себя какой-то мыслью, что отвлечет меня, и я перестану обращать внимание на ощущения тела. Только тогда у меня будет шанс окунуться. В Талмуде говорится, что кто-то увидел великого мудреца Раву поглощенного изучением Торы. Он был так увлечен, что не чувствовал, что из- за непроизвольных движений во время учебы, он поранил пальцы и из них сочится кровь. Он просто не ощущал свое тело в это время... Когда думаешь о чем-то очень, знаешь, значительном, то не чувствуешь где ты, и что с тобой происходит. И я задумалась об одном таком дне моей жизни.

Случилось это в начале февраля 1951.

26 мая 1950 года мой муж, как религиозный еврей, был арестован КГБ. В то время КГБ имело полный контроль над этой страной. Арестовывали многих людей, многих соблюдающих евреев.

Они забрали моего мужа по дороге в синагогу, в пятницу утром. В течение месяца, пока он был еще в Ташкенте, я еще могла приносить ему кошерную еду раз в десять дней. Когда я пришла на следующий месяц, они сказали, что его перевели в другой город. Я спросила, куда, но они заявили, что не знают. Я пыталась объяснить им , что мне нужно передать ему еду, что он не будет есть тюремную. Это было, как говорить со стенкой. Прошло восемь месяцев, и я не знала где муж, и не знала жив ли он вообще.

К тому моменту, когда его арестовали, мы были женаты всего несколько лет . У нас было двое малышей. Через восемь месяцев, как его забрали, Всевышнему было угодно забрать обоих моих детей. Они умерли в один день. Я вообще... Я стараюсь не вспоминать об этом. Но вот в момент, когда тяжелейшее испытание ждало меня в ледяном колодце, все мое тело и все чувства, все было по моей воле погружено в это ощущение. Я уходила все глубже и глубже в воспоминания о том, что случилось в тот день. И когда пришло ощущение, что я уже вне моего тела и чувств, я прыгнула в колодец, и совершенно не почувствовала холода. Там можно было плыть, и я хотела подняться на поверхность, к воздуху, но не смогла. Мое тело онемело, и не было достаточно сил на это. В легких не было воздуха. Я делала попытки всплыть, но не получалось. Мне стало страшно. Я молила Всевышнего сохранить мою жизнь.

Мой муж вернулся в 1956 году. В 1957-ом Всевышний дал нам сына. И я молилась в этот момент, чтобы выжить ради моей семьи. Прошло какое-то время, и наконец-то, о Б-же... это было чудо, не знаю, как я вышла на поверхность

Когда я вышла, ко мне подошли женщины. "Как это было?" " Как тебе удалось выплыть?" "Вода сильно холодная?" Я не могла ответить; не хотелось врать, но и правду тоже не хотелось говорить. Обычно, когда мы выходим из миквэ, мы молча одеваемся, а потом можем разговаривать. Я пошла за одеждой, а моя подруга пошла вниз. Мои мысли были с нею, как она там? Вдруг раздался крик из колодца. "Слишком холодно! Не могу выдержать! Я выхожу!" Она стала плакать, я плакала вместе с ней. Но все же она окунулась. Она закончила окунание и вышла наружу. Вторая женщина была гораздо моложе. Она видела и слышала, что происходило в колодце. Она молча спустилась вниз, окунулась и тихо вышла.

Мое сердце переполнилась радостью, и благодарностью Всевышнему, что дал нам силы совершить это. Теперь злому началу нечего делать с нами. Результатом той ночи стало, то, что моя подруга предложила построить миквэ для женщин на заднем дворе ее дома, подпольную миквэ. И, с Б-жьей помощью, мы с мужем построили миквэ на нашей кухне, тоже для женщин.

Потому что было небезопасно, чтобы все женщины пользовались одной и той же миквэ, ходили на одну и ту же явочную квартиру.

В 1964, мы, слава Б-гу, получили разрешение покинуть страну, но нам хотелось, чтобы миквэ оставалась открытой после нашего отъезда. Нашлась семья, в руки которой мы могли ее доверить. Они обещали нам, что миквэ не закроется. Мы отдали им наш дом и не взяли с них ни копейки. Миквэ оставалась открытой. Так, что, дорогие подруги, советский режим закрыл только одну миквэ в Ташкенте. С Б-жьей помощью, мы открыли две! Это был наш ответ этому жестокому государству!

Голос плачущего ребенка

Иногда раввинат направляет ко мне невест, которые предпочитают изучать законы Таарат Амишпаха на русском языке. Так я познакомилась с симпатичной молоденькой невестой по имени Сара.

Из раввината мне передали, что семья Сары хочет ускорить свадьбу из-за плохого самочувствия ее матери. На то время я даже и не подозревала, насколько положение ее мамы было тяжелым.

Сара дотошно расспрашивала меня, в чем сила миквэ, как она влияет, и чем это может помочь? Я старалась дать ей всю информацию, которой обладала. К концу встречи Сара сообщила мне, что она хочет, чтобы ее мама тоже окунулась в миквэ.

"А она согласится?",- спросила я.

"Да",- уверенно ответила Сара.

"А она сможет самостоятельно делать проверки?",- я наивно полагала, что именно проверки могут стать камнем преткновения для больной женщины, об остальных этапах я даже и не подумала...

"Да, конечно сможет! Мама зажигает субботние свечи, и псалмы читает тоже... Она справится!", -Сара буквально умоляла меня проинструктировать маму тоже.

Тем временем стало известно, что Хая, ее мама, больна тяжелым заболеванием легких, и время от времени нуждается в кислороде. "Что-то мне это начинает не нравиться...,- подумала я... Для такой женщины, и одного раза может оказаться чересчур."

Я решила, что необходимо встретиться с мамой заранее, мне хотелось ее повидать и понять, может ли идти речь об окунании в ее ситуации? Однако, нам так и не удалось тогда встретиться. Видимо свыше не захотели нашей преждевременной встречи... Почему? А просто потому, что если бы я ее увидела в том состоянии, я бы ни за что не согласилась взять на себя такую ответственность...

Но продолжим по порядку.

Мама и дочь ждут от меня ответа, а кто я такая, чтобы решать?

Разумеется, об этой непростой ситуации я написала Ребе.

В ответе Ребе вспоминает историю, произошедшую с Рабби Довбером, вторым Любавическим Ребе.

Однажды Рабби Довбер, настолько углубился в изучение хасидизма, что не услышал, как в той же комнате горько заплакал его младший сынишка, выпавший из колыбели. Отец Рабби Довбера, Рабби Шнеур Залман, первый Любавический Ребе, находился этажом выше и тоже был увлечен учебой. Дедушка услышал плач внука, спустился к нему и успокоил младенца. Рабби Шнеур Залман упрекнул сына за то, что тот не прервал учебу и не успокоил плачущего ребенка. Сын ответил: "Но я его не услышал!" На это Рабби Шнеур Залман сказал: "Когда плачет еврейский ребенок, его обязаны услышать!"

Ребе пишет:

«Человек не должен увлекаться своими делами, даже необычайно важными, настолько, чтобы не расслышать голос плачущего ребенка рядом с собой или из ближайшего окружения и, даже, издалека... В первую очередь нужно заняться ребенком, обеспечить его всем необходимым,

насколько это зависит от вас.

*В наше время слишком много младенцев и детей, которые по различным причинам "выпали из колыбели" еврейства, потому что на каком-то этапе их связь с "колыбелью" прервалась, или они изначально не оказались в настоящей еврейской колыбели. Эти дети рыдают... от того, что душа каждого из них страдает. Ведь она частица Самого Всевышнего, она изголодалась и жаждет исполнять Его волю, Его Тору и Его заповеди, и нет того, кто бы им помог заполнить недостатки в их еврейском образовании. Поэтому очень много наших братьев евреев, несмотря на свой преклоненный возраст, остаются детьми в том, что касается Торы, источника нашей жизни... Нельзя игнорировать вопль души этих еврейских детей... **Это указание, обязанность и приказ каждому и каждой из нас - не совершите греха по отношению к ребенку**! Прервите все ваши дела и помогите ему вернуться к своему Отцу, нашему Милосердному Отцу»...* (Том 22, стр. 368-370)

Ответ не оставлял сомнений, немедленно к делу!

Я проинструктировала маму по телефону, ее дочь тоже внесла свою лепту.

И снова, явное проявление промысла небес, им обеим предстоит окунуться в один и тот же день, на исходе поста 17 Тамуза!

В назначенный день я приехала в их город чуть раньше. На счастье, в этом городе живет моя подруга, тоже медсестра, она вызвалась проводить меня к городской   миквэ. Мы с подругой стояли возле входа в миквэ, когда увидели такси, которое остановилось в метрах двадцати от нас... Из машины вышли четыре женщины. Одну из них я узнала сразу.- Это была Сара- невеста. Сара поддерживала под руку едва передвигающуюся женщину... Кожа ее лица потемневшая, ноги набухшие. А когда я услышала ее специфический кашель, то мне, как профессионалу, сразу стало ясно, о чем тут идет речь... Ой, Ребе!.. Моя подруга, медсестра реанимации, в шоке пошептала мне: "Четвертая степень!", а я ей - "Молчи!", как будто я сама не понимаю...

Как тут быть? Баланиет наверняка отправят ее домой, и не разрешат Хае окунуться, несмотря на то, что я предупредила их заранее, что случай нам предстоит непростой (хотя я и сама не представляла - насколько).

Дочка и мама подошли вплотную. Мы, как ни в чем ни бывало, широко улыбнулись Хае, этой героической женщине.

"Шалом, шалом! Не волнуйся, все будет хорошо, с Б-жьей помощью. Я спущусь с тобой в миквэ...",- я попыталась подбодрить ее, а может себя саму... Хая была взволнована, и не без оснований... Соответственно, у нее усилился кашель...

Потихоньку мы поднимаемся по ступенькам...

На случай критической ситуации у меня припасено средство, как преодолеть трудности и страх. Я говорю сама себе: "Ехи Адонейну..."[1]

"Добро пожаловать! Проходите, проходите!"- приветливо встречают нас баланиет. Я вздохнула с облегчением. Ну, слава Б-гу, хоть впустили...

Было решено, что невеста Сара окунется первой. Я вошла с ее больной матерью в другую комнату для приготовления. Стараясь изобразить перед ней саму уверенность в удаче нашего проекта, я помогала Хае подготовиться. Потихоньку-потихоньку, нужно поддерживать

---

[1] *"Ехи Адонейну Морейну ВеРабейну Мелех Гамошиах ЛеОлам ВаЭд"*- переводится как: "Да здравствует наш Господин, Учитель и Ребе во веки веков!"

размеренное дыхание...

В нашем распоряжении времени, сколько потребуется. Мы не спешили. Баланит постучала в дверь сообщить, что наша невеста уже окунулась, в добрый и счастливый час, и очень хочет помочь окунуться теперь маме...

Это было волнующе, трогательно и возвышенно одновременно! Баланит и я стояли сверху, а внизу, в воде - невеста Сара со своей мамой, которая, несмотря на тяжелые физические преграды, с Б-жьей помощью, все превозмогла ради соблюдения заповеди Таарат Амишпаха.

Представьте себе, маме удалось окунуться 3 раза подряд, это было явное чудо!

"Кошер!.. Кошер!!.. Кошер!!..,- мерно объявляла баланит.

Когда мама Хаи вернулась в комнату и посмотрелась в зеркало то поразилась, увидев свое отражение. "Ой, у меня просветлело лицо! Что это? Почему?",- невольно вырвалось у нее. "Святость и чистота наполнили тебя новым светом,- не менее взволнованно ответила я ей,- это свет заповеди!"

Когда уже после всего мы вышли с ней в фойе, нас восторженно встретили баланиет. И они тоже воскликнули: "Ой! У тебя лицо прямо светится!"

В это время, в моей памяти отдавались эхом святые слова Ребе:

*«Это **указание, обязанность и приказ каждому и каждой из нас** - не совершите греха по отношению к ребенку. Прервите все ваши дела и помогите ему вернуться к своему Отцу, нашему Милосердному Отцу, и он будет учить Тору Отца своего и исполнять Его заповеди, и тогда он удостоится жить полноценной, цельной и счастливой жизнью...»*

Рассказывает рабанит Горелик

В 60-х годах мы жили в Ташкенте. У нас был домик в тихом переулке. Мы пристроили к нему террасу. В смежную с террассой стенку мы встроили большой шкаф на всю стену. Большая часть шкафа имела обычные полки, и мы ими пользовались. Но одна из дверей была двойная. Ты открываешь одну дверь, там пустота, а за ней- другая дверь, в миквэ. Как мы ее строили - это отдельная история!

Мы наняли строителей, понятно, не евреев. Они понятия не имели, что строят. Нижний резервуар нам построила одна бригада строителей. Затем, чтобы не вызывать подозрений, мы вынуждены были нанять другую бригаду для постройки самой миквэ. Те думали, что строят что-то вроде бассейна. По halaxe, стены миквэ должны быть строго водонепроницаемыми, даже капля воды не должна вылиться сквозь стенки. Пойди и объясни это строителям... Они нас убеждали, что и простой цемент сослужит службу! Подумаешь, пара капель убежит, вода-то все равно останется!

У нас тогда еще наш старенький дедушка жил. Мы этим рабочим сказали, что врач выписал нашему старенькому дедушке особые минеральные ванны с особой концентрацией солей. Если даже самая малость воды убежит, то особая концентрация солей изменится, и это, не дай Б-г, может пагубно сказаться на дедушке. Сработало... Слава Б-гу, построили как надо!

Эта миквэ быстро нагревалась с помощью газовой горелки. По необходимости мы меняли в ней воду. Делали это всегда ночью, с помощью насоса, - меньше шансов, что соседи услышат.

Пользовались миквэ только женщины. Кроме нашей, в городе были еще две подпольные миквэ: одна для женщин, но туда было тяжело добраться, а другая была для мужчин (эта тема не связана с чистотой семейной жизни – прим. Ред.). Наши дети были тогда еще маленькими. Как- то расслышала, как они обсуждали между собой: " Нам нельзя открывать эти двери, и нельзя, чтобы кто-то о них узнал". Понимали...

Миквэ в обмен на свадебное платье
Воспоминания сын раввина Авраама Шмуэля Левенгарца.

«...это произошло в 1947 году. В тот год была волна отъездов. После неудачной попытки покинуть Россию через Львов многие хасиды поселились в Черновцах (прим. автора), что на русско-румынской границе.

В то время там жил Рав Гиршель Рабинович, который занимался вопросами единственной оставшейся миквэ в Черновцах, над которой нависла угроза закрытия (миквэ закрывались повсеместно под любыми предлогами, эта миквэ нуждалась в срочном ремонте, государство не давало на это денег, а новые миквэ не открывали,- прим. пер). Рав Гиршель обратился к моему отцу, и рассказал об угрозе. В то время материальное положение в доме моего отца была тяжелая. Не так, как было когда-то в Москве - там он зарабатывал, а в Черновцах никакой работы для него не нашлось. Как и все, он попал в этот город без средств к существованию. Когда рав Гиршель попросил его пожертвовать деньги на ремонт миквэ, отец очень переживал, что не может помочь. Но сразу же он вспомнил, что возможно, он знает, где можно достать приличную сумму денег, но он должен сперва проверить эту возможность. Отец сказал Раву Гиршелю, что назавтра он сможет дать ему четкий ответ. Что сделал отец?

Его дочь была помолвлена и шли приготовления к свадьбе. Отец долго экономил на своем питании, собирая копейку к копейке, чтобы купить ей хоть какое-то платье на хупу. Так как эта сумма предназначалась только для свадьбы, он не мог распоряжаться этими деньгами самостоятельно, но должен был спросить разрешение дочери. Отец рассказал ей об угрозе миквэ, и объяснил, что ей выпала большая честь использовать эти деньги на святую цель. Дочь тут же согласилась, чтобы вся сумма пошла на срочный ремонт миквэ. Отец взял деньги и с радостью вручил раву Гиршелю Рабиновичу. Миквэ сразу же отремонтировали, и опасность ее закрытия миновала.»

Подпольные миквэ в Самарканде (Бухара)

Перевод: Люба Перлова

Рассказывает Рав Хасид Рабби Моше Нисилевич.

«Вся работа проводилась при постоянной связи с Любавическим Ребе, с его благословения и поддержки. Различными путями мы передавали сообщения к Ребе, и получали от него указания. Одним из путей было послать письмо к сочувствующему Хабаду человеку за границу, а тот пересылал его к Ребе. Ответ от Ребе приходил, как правило, зашифрованный, или намеками...»

Пример такого письма хасидов: «...наш пожилой отец, что в небе /Всевышний /... для своей дочери /миквэ/, которая в смертельной опасности... срочно необходимы средства на лечение, хоть 10 долларов... Пожалейте его дочь, чтобы не погибла, от ее жизни зависит жизнь ее близких /евреев/»[2]

«Однажды у нас было испытание с невестой, семья которой настаивала, чтобы та погрузилась в миквэ перед Хупой. С одной стороны, мы конечно хотели, чтобы она окунулась,- может еще одна душа ребенка родится в чистоте... С другой стороны, мы боялись, как бы она не узнала дорогу к миквэ, и этим мы подвергали опасности все и всех. В конце концов было решено привезти ее туда в машине с темными занавесками, чтобы она не видела дорогу, и не знала, где находится миквэ. Пришла баланит, которая была совсем не знакома невесте, а хозяйка дома, в котором была подпольная миквэ, пряталась, чтобы девушка ее не увидела, так как очень боялась. То же было по дороге обратно...»

2.в скобках- слова переводчика, отрывки из письма Ш. Г. М., перевод обозначен кавычками.

«Муж одной из женщин, которая всегда соблюдала заповеди, не был, мягко говоря, слишком религиозным. Все эти годы она старательно соблюдала Чистоту Семьи и окуналась в миквэ, для нее это было настоящее самопожертвование. Муж даже бил ее, и т. д... Но он понятия не имел, что миквэ находилась во дворе их собственного дома... А почему от него это скрывалось? Потому что он не был в состоянии хранить секреты. Иначе он мог проболтаться близким, и, в конце концов, слухи о миквэ могли дойти до КГБ, чтоб оно провалилось, и все мы попали бы в тюрьму.

На протяжении лет таких случаев было у нас бесконечно много, мы и наши семьи сильно страдали...»

В заслугу организации уроков по Тании

Рассказывает Пуа Ахон

Т. приехала в Израиль из Грузии. Она вышла замуж за молодого раввина, когда ей было всего лишь 16 лет. Пара так и не обзавелась детьми, и по прошествии 10 лет брака они   развелись. Теперь у обоих появилась надежда удостоиться детей в новом браке.

Развод стал для Т. большим ударом, и на какое-то время она порвала связь с традицией. Сняла головной убор и стала одеваться по-светски. Вскоре она нашла молодого не религиозного мужчину, и они поженились. Он был хозяином не кошерного русского магазина. Спустя какое-то время после свадьбы он начал плохо к ней относиться. Несмотря на хороший доход, он не покупал ей необходимого и говорил с ней грубо. Так прошло 4 тяжелых года. Раскаиваясь в своем легкомыслии, она хотела повлиять на мужа и приблизить его к еврейским традициям. Она обратилась в Хабад, и уже через пару дней, в русский магазин зашел необычный посетитель... Молодой хасид хабада стал навещать хозяина магазина каждый будний день, чтобы наложить тому Тфиллин.

Однажды молодой человек не пришел. Владелец магазина, заволновался и позвонил хабаднику: «В чем дело, почему ты не пришел?»

- Извини, но приближаются осенние праздники. Я еду к Ребе, и занят подготовкой. Хочешь поедем вместе?

- Хочу!

Через пару дней муж Т. уже был в Бруклине, на Истерн Парквей, 770. Вернулся он уже другим человеком... Стал хорошо к ней относиться и свой магазин сделал кошерным.

Получив от Ребе через Игрот Кодеш указание организовать уроки по хасидизму, он нанял рабочих, и расчистил второй этаж своего магазина, который до того был складом. Нашел лектора, и теперь там идут уроки по хасидизму на русском языке.

Тем временем, его жена, Т., стала уговаривать свою мать пойти в миквэ, что было ей намного тяжелее, чем уговорить других женщин. В конце концов, мать согласилась.

Мать, пожилая женщина, пришла в миквэ. Видимо, она страдала из-за высокого давления, лицо было раскрасневшееся... Баланит говорит: " Ну куда вам? Нельзя вам окунаться в таком состоянии!"

Мать отвечает:" Нет! У меня трое детей, я должна окунуться за каждого!" Когда эта женщина вышла из миквэ, она сказала: "Как жаль, что, живя столько лет в Израиле, я упускала такую мицву!"

После этого Т. забеременела.

Приехали усыновить ребенка, а получили своего...

Рассказывает рабанит Гендель

История эта произошла примерно в 2008 году. Как-то вечером позвонил телефон, к моему удивлению из Манчестера, Англия. Это звонил эммиссар Ребе, рав Хаим Фэрро. Он спросил меня, буду ли я дома в такой-то день? Я ответила, что да. Тогда он сказал, что в этот день он приедет ко мне в Цфат с какими-то людьми по поводу "детей"... Договорились.

Действительно, много детей родилось на моем опыте благодаря тому средству, которое сообщил нам Ребе, и которое я так рекомендую бездетным парам. Средство простое - нужно организовать регулярные уроки по Тании и по Таарат Амишпаха у себя на дому. На моей практике это средство работает железно, семьи, следующие этому совету получают благословение от Ребе, и часто удостаиваются ребенка.

На следующей неделе я как раз собиралась поехать в Торонто. Там, благодаря этому моему совету, недавно родились двойняшки - мальчик и девочка. Их мама настаивала, чтобы я приехала.

Поэтому, я не удивилась, услышав, что рав Фэрро хотел поговорить о детях... Я и не подозревала во что это выльется... Честно говоря, мне еще ни разу не приходилось принимать у себя дома, в Цфате, гостей из далекой Англии...

Я позвала свою дочь и сына приехать и помочь мне с приготовлениями- мы планировали оказать им роскошный прием, обед, нарядный стол, и т.д. Шутка ли, эти люди приедут к нам издалека, отпросившись с работы, потратив деньги на билеты, гостиницу в Тверии... Наверняка по очень важному делу... Может, они захотят сделать крупный взнос в фонд благотворительности, который я организовала для бедных?...

И вот, гости приехали. Рав Фэрро и супружеская пара Ниязов. Сперва мы пообедали, потом пересели в салон, пообщаться. И тут рав обращается ко мне: "Расскажите нам о детях".

- Что значит о детях? Те, что родились? А что о них рассказывать? Слава Б-гу, родились, все в порядке.

Не понимаю вопроса, намеков, взглядов...

Тогда женщина, Ханна, заговорила со мною открыто:

- Мы хотим усыновить ребенка.

Теперь я поняла их намеки, и стала убеждать их, что никаких детей на усыновление у меня нет, что они заблуждаются. Оказалось, они в Англии уже 5 лет ждут в очереди на усыновление, а теперь специально приехали в Израиль ко мне, в надежде привезти с собой в Англию долгожданного ребенка... Они думали, что я подпольно раздаю людям детей на усыновление... Смех да и только!

Я спросила их, зачем вам усыновлять? Вы же можете родить сами! Лишь следуйте моему совету... Организуйте уроки по Законам семейной чистоты и Тании у себя на дому, пригласите лектора-хабадницу, предложите женщинам легкое угощение... Я объяснила им, что это средство я рекомендую, что Ребе дал на это свое Благословение, и что именно благодаря этому, Слава Б-гу, во многих семьях родились долгожданные, биологические дети.

Она мне с с надрывом: " Мне не нужен какой-то абстрактный ребенок, все это лишь слова и обещания! Я хочу настоящего! Дай мне ребенка! Сейчас же!"

Мне было так их жаль, и неудобно, что произошло такое недоразумение... Но я им сказала то, что думала, и во что верила, что благодаря урокам Всевышний одарит их ребенком. Они немного утешились тем, что я направила их к своей подруге, которая могла объяснить Ханне и ее мужу как стать на очередь на усыновление ребенка в Израиле.

Они уехали, а на прощание я сказала женщине:" Сделай то, что я тебе советую".

Вскоре я улетела в Торонто, а оттуда к Ребе, в Кроун Хайтс. Будучи там, я попросила у Ребе благословения для разных людей, и за одно, для нее тоже. В эффективности моего средства нет ничего особо чудесного: изучение и публичные уроки по Тании всегда были необычайно важны для Ребе, а люди, их организующие, часто получают благословление Ребе на детей. На протяжении нескольких месяцев я упоминала эту женщину перед зажиганием субботних свечей.

Примерно 6 месяцев спустя я неожиданно нашла в своей сумке среди бумаг ее имя и телефон. Я сразу позвонила к Ханне, хотела узнать как у нее дела. Никто не ответил, пришлось оставить сообщение.

Утром Хана позвонила сама.

"Ну, как твои дела?"- с нетерпением спросила я.

"Помните,- сказала Хана, - вы мне говорили: зачем тебе усыновлять, будешь иметь своего ребенка... Я беременна, и жду СВОЕГО ребенка!"

На мои глаза навернулись слезы...

"Ну, а как уроки? Вы организовали?"- спросила я.

- Разумеется! Сразу по приезде. Уроки по Законам семейной чистоты и Тании проходят регулярно. Я ставлю угощения на стол... Все как вы рекомендовали! Я уже на пятом месяце!

К Ханне пришло благословение беременностью, теперь я ждала, чтобы для нее сбылось следующее благословение - родить долгожданного ребенка.

Прошли месяцы, телефон Ханны опять затерялся... Она не звонила. Пока что, на Шавуот, я снова побывала у Ребе. Там я давала лекцию на английском.

Подошла ко мне девушка после лекции и говорит: "Подруга моей мамы в Манчестере знакома с вами!"

- Я знакома только с одной женщиной в Манчестере - Ханой Ниязов.

Девушка сказала:" Моя фамилия Хазан. Моя мама преподает на уроках, которые организовала эта женщина. До того мама преподавала только Танию. Когда Ханна предложила ей включить в свои лекции также тему Законам семейной чистоты , мама вначале не соглашалась. Она согласилась лишь после того, как ей сказали, что это по особой просьбе рабанит из Цфата ".

- Как у Ханы дела?,- спросила я.

- А, вы не знали? У них родилась девочка! После того, как Ханна родила, все говорят о вашем совете и о чуде, котором она удостоилась. Теперь те, у которых еще нет детей, хотят, чтобы и у них на дому проходили уроки! На лекции моей мамы начался такой спрос, что она прямо сбивается с ног!

А проверки ты делаешь?

Рассказывает Рина, мать 10 детей

В Израиль наша семья приехала с Кавказа. Я, муж и три дочки. Забавно: тогда мне казалось, трое детей - это много. В Израиле у нас родилась еще дочка. К соблюдению я приходила постепенно и самоучкой: читала много книг, интересовалась. Совсем не подозревала, что что-то упускаю...

Как- то соседка спросила меня, хожу ли я в миквэ? Я тогда понятия не имела, что это такое... В один из дней она повела меня туда, просто показать, и познакомить с баланит, и объяснила мне, что к чему, в общих чертах.

Я стала ходить в миквэ. Потом я забеременела, доходила до конца, но к сожалению, ребенок не жил. После того, что случилось, мне посоветовали, чтобы я написала Ребе через Игрот Кодеш. Ребе дал в ответе указания: проверить мезузы, Тфиллин и там тоже писалось, что нужно изучать и соблюдать законы Чистоты Семьи. Мы сразу же сделали то, что Ребе говорил, кроме последнего, так как я считала, что законы Чистоты Семьи я и так соблюдаю, и это ко мне не относится.

Потом я потеряла еще одну беременность, и опять обратилась к Ребе.

В ответе было благословение на рождение сына, и опять Ребе напомнил об изучении законов миквэ. И тут, из за того, что снова был поднят вопрос о миквэ, я решила пойти к раббанит. Та спросила меня:"А проверки ты делаешь?"

А мне про проверки никто не объяснял... Я не прошла толком никакого инструктажа, думала, что все знаю. Оказалось, что проверки настолько важны, что, на самом деле, то, что как мне казалось, я соблюдала,- было вовсе, как будто я вообще не окуналась! Разумеется, я стала ходить к мадрихе учиться и соблюдать.

Следующая беременность прошла нормально. Я не знала, мальчик это или девочка. Когда у меня начались схватки, я в первую очередь пришла к раббанит и написала Ребе письмо. Ответ был на идиш, ни я, ни раббанит - идиш не знаем. Заглянули в конец книжки, в содержание. Раббанит засмеялась. Ты знаешь, все это письмо посвящено традициям проведения обряда Брит Милы... Сразу стало понятно, что родится сын! Так и произошло: родился Менахем Мендель! Ну, а за ним еще четверо - три мальчика и одна девочка.

Слава Б-гу, несмотря на тяжелые материальные условия (нас к тому же еще строительный подрядчик обманул), мы выдали трех наших старших дочек замуж в течение двух лет! После этих свадеб у нас еще родилась девочка, мне тогда уже 44 исполнилось.

Чем я занимаюсь? Когда младшей исполнилось два года, я пошла учиться на дипломированную медсестру, где и учусь сейчас! Пока я сдавала экзамены, у меня родились внуки.

И хоть курсы не для религиозных, но недавно, на уроке эпидемиологии, нам рассказали, что пару сот лет назад, по Европе ходили жуткие эпидемии. Евреи часто не заболевали, так как тщательно придерживались законов миквэ и омовений рук. (А неевреи думали, что евреи их отравляют). Ведь чтобы окунуться в миквэ, или омыть руки, нужно сперва хорошенько отмыть грязь! Вот и получалось, что мы были чище и здоровее многих...

Двое держатся за талит

Хана- замечательная интеллигентная женщина, бабушка четверых внуков, сразу же вдохновилась, как только узнала о миквэ и о том, что женщина в менопаузе должна окунуться всего лишь один раз, чтобы навсегда обрести ритуальную чистоту*

С особым трепетом Хана готовилась к погружению в миквэ. Как и полагается, она отсчитала пять дней, провела границу чистоты, и потом и семь чистых дней. И вот, наконец, пришел долгожданный день - день окунания в миквэ.

Дочь Ханы сопровождала мать в миквэ, я присоединилась к ним тоже, ведь мне не хотелось пропустить такое особое событие. Еще бы- женщина впервые, в свои 76 лет, погружается в миквэ, а миквэ поднимает ее к святости и чистоте на всю оставшуюся жизнь. Вдобавок, благодаря ее поступку, множество благословений придутся также на долю ее родных!

Вот что пишет об этом Ребе:

«... я бы хотел вам напомнить, что родители непосредственно влияют на своих детей, и это само по себе понятно.
Так как все члены семьи связаны друг с другом не только в материальном смысле, но также и в духовном, то понятен и прост тот факт, что укрепление богобоязненности каждого из членов семьи влияет на остальных, в частности укрепление родителей влияет на их детей. И чем больше будет укрепление родителей, тем более действенным будет результат их влияния.
И еще важно отметить, что иногда бывает, что во время зачатия ребенка супруги не

---

*некоторые медицинские вмешательства также приводят к необходимости повторного погружения

соблюдали должным образом законы Таарат Амишпаха (нида, гефсек таара, окунание в кошерном миквэ, и т.д.) по незнанию, или по каким-либо другим причинам.
И так как Тшува имеет ретроактивную силу и в значительной степени влияет на прошлое, то вам необходимо приложить старание и не только начать соблюдать эту заповедь самим, но также повлиять на ваше окружение, и чем больше ваше влияние, тем лучше.» (Игрот Кодеш, том 23, стр 376)

Подумать только - какая мощная сила скрыта в заповеди Таарат Амишпаха! За пять минут до того, как я вышла из дома, мне вдруг подумалось, а вдруг Хане понадобится помощь для того, чтобы окунуться? Она ведь страдает от болей в коленях, возможно, мне нужно будет спуститься в воду вместе с ней? На всякий случай я прихватила с собой подходящую смену одежды. Оказалось не зря. Это была явная подсказка свыше... Будучи занятой подготовкой к миквэ, Хана даже не задумывалась о самом процессе погружения, как она практически это сделает?

Как только Хана приблизилась к миквэ и увидела ступеньки, уходящие в воду, она растерялась: "Я не могу спуститься, ступеньки кажутся мне слишком высокими, а у меня колени плохо сгибаются!"

На счастье, я была наготове. "Минуточку, Хана, я переоденусь и спущусь с вами,- сказала я нарочито уверенным тоном,- я медсестра, и имею опыт в оказании помощи пациентам с разными физическими ограничениями. Все будет хорошо! Я не сомневаюсь, что у вас все получится! Окунетесь, с Б-жьей помощью!"

Вскоре я была уже в воде. Вот уж не думала, что после всего, мне повезет опять спуститься в миквэ!

Я помогла Хане. Она была уже в воде, но все еще волновалась, а я всем своим видом старалась внушить ей спокойствие и уверенность.

Хана очень хотела окунуться, она очень старалась. Но что делать? Совсем не просто женщине 76 лет с таким недомоганием наклониться. Нужно ведь, чтобы вода покрыла ее с головой. Мне стало ясно, что Хана, сама по себе окунуться не сможет.

"Бояться нечего,- говорю я ей,- раз мы уже дошли до этого этапа, мы с Б-жьей помощью, благополучно завершим весь процесс. Я буду держать тебя с обеих сторон, на секундочку освобожу, и подхвачу снова."

С Б-жьей помощью Хане удалось окунуться трижды, по всем правилам Галахи. Это было потрясающе! Это было просто чудо!

Вернувшись домой, под впечатлением от событий в миквэ, я сразу же написала Ребе о Хане и о том ощущении чуда, которое сопровождало нас тогда. И вот, какой ответ открылся:

«Есть хасидское объяснение к фразе из Мишны:" двое ухватились за один талит, и каждый утверждает, что именно его приобрел" и т.д. Хассидизм говорит, что внутренний смысл этой фразы: каждому, кто помогает ближнему в соблюдении Торы и заповедей, независимо от его уровня в служении Всевышнему, приобретает часть заслуги за исполнение этой заповеди, и он вправе утверждать, что "он ее приобрел". На эту тему уже высказались наши мудрецы: "заслуга того, кто побудил ближнего выполнить заповедь больше, чем заслуга того, кто ее совершил».* (Игрот Кодеш, том 28, стр. 263)

---

*Талит- еврейское молитвенное покрывало,в данном отрывке Мишны талит упоминается как вид одежды

О Миквэ и доброй бабушке Дженни

(Посвящается Гене, Гитель бат Копел, ל"ת)

Эту историю я услышала от раввина Аарона Л. Раскина, США.
Один из постоянных прихожан его синагоги рассказал ему эту историю. Он двоюродный брат Эстер, героини истории.

Их общие прадедушка и прабабушка иммигрировали в Америку из Германии, в далеком 1905 году. Семья поселилась в Северной Дакоте. Когда-то, они были набожные евреи, но, к сожалению, сильно ослабели верой в новой стране. Их четыре дочери охладели к еврейству еще больше. Одна из дочерей, Биатрисса, отдалилась от соблюдения заповедей, и стала вести абсолютно светский образ жизни.

Позже, Биатрисса вышла замуж, благо за еврея, и переехала жить в Миннесоту. У молодой пары родилась дочь Эстер.

Девочка подросла, и вот чудо, ее как магнитом потянуло к еврейству. Эстер приблизилась к Хабаду, училась в семинаре Бейт Хана, и стала соблюдать заповеди. Она вышла замуж за молодого Любавического хасида. Молодая пара мечтала о большой семье, о шумных, веселых ребятишках... Но шло время, а детей все не было.

Эстер, как и полагается, регулярно ходила в миквэ, тщательно изучала законы Таарат Амишпаха, чтобы быть уверенной, что все делает правильно. Параллельно она обращалась за медицинской помощью, но долгожданной беременности, все же, не наступало.

В тяжелую минуту, Эстер написала письмо Любавическому Ребе, в котором описала свою ситуацию.

Через два дня ей позвонили из Нью Йорка. На линии был рав Грунер, секретарь Ребе. Он передал Эстер просьбу Ребе:

"Попроси твою маму окунуться в миквэ."

Услышав просьбу дочери, мама Биатрисса стала недоумевать. Ну какое отношение имеет ее окунание к ребенку ее дочери? И вообще, что это за религиозные пережитки в эпоху технологического прогресса?!

"Ни за что!", - услышала в ответ Эстер...

Огорченная женщина опять написала Ребе, на этот раз о том, что, к сожалению, ее мать категорически отказалась окунуться.

Опять ей позвонил рав Грунер. На этот раз, Ребе предложил Эстер уговорить свою бабушку Дженни пойти в миквэ.

Бабушка Дженни была еще жива, и дедушка, Леви Ицхак тоже!

Эстер стала просить бабушку: " Я хочу родить тебе правнука! Я делаю все, что могу: хожу в миквэ, как полагается, к врачам обратилась, но до сих пор ничего не помогло. Любавический Ребе сказал мне, что если ты пойдешь в миквэ, то у меня родится ребенок."

Бабушка в нерешительности спросила мужа: "Милый, что мне делать? Согласиться?"

- Что только бабушка и дедушка ни сделают ради своей внучки! - улыбнулся Леви Ицхак,- конечно иди!

И добрая бабушка Дженни пошла в миквэ. Она почувствовала себя опять, словно невеста перед хупой... Ой, как жаль ей стало всех тех лет, когда могла, но не ходила в миквэ...

А спустя месяц Эстер забеременела! С тех пор, у у нее родилось 9 детей.

Утверждение, что мы не можем повернуть прошлое вспять, справедливо лишь для физического, материального мира. Духовная же сфера выше временных и пространственных границ. Тшува - раскаяние, возвращение к вере и соблюдению заповедей Творца, относится к духовной сфере. Именно поэтому, тшува, если сделана правильно, может исправить духовный ущерб, причиненный нами в прошлом. В этом ее сила.

Что же женщина может сделать, чтобы исправить свой недочет с миквэ?

1. Если она замужем за евреем, , она, независимо от возраста, должна немедленно начать соблюдать эту заповедь. Женщина в менопаузе должна окунуться всего лишь один раз, если до менопаузы она не соблюдала эту заповедь. Если это не актуально для нее на данный момент - не беда, пусть начнет с последующих пунктов:

2. Стоит попытаться уговорить своих подруг, как минимум две или три, тех для кого это актуально, начать ходить в миквэ.

3. Увеличить цдаку – пожертвования - особенно на учреждения, связанные с миквэ. Увеличение цдаки должно быть не столько в размере суммы, которую вы вносите на благотворительность, сколько в частоте, с которой вы даете деньги. Как сказал великий Рамбам, каждая монетка, которую вы отложили на цдаку, засчитывается вам как отдельная заповедь! Поэтому рекомендуется иметь в доме копилку для цдаки и опускать в нее монетки часто - каждый день, кроме суббот и праздников, по несколько раз в день, чем чаще, тем лучше. Известно, что цдака смягчает приговор и приближает Избавление.

Сказано, что когда придет Мошиах, Всевышний окропит всех нас особой водой очищения, и мы обретем высочайшую степень святости.

Соблюдение законов заповеди Таарат Амишпаха приближает приход Мошиаха!

Только ради дочери

Рассказывает Йудит Зелиг

Когда-то моя подруга, начавшая возвращаться к еврейству, попросила меня навестить и проинструктировать ее пожилую мать перед миквэ. Дочь готовила родителей, Цилю и Пинхаса, недавно приехавших из Хабаровска, к еврейской свадьбе, Хупе.

Мне открыла дверь симпатичная немолодая женщина с серыми глазами. Пока я устраивалась в комнате, она принесла показать мне пачку потертых старых документов.

- Смотри,- говорит мне женщина,- вот наши метрики, свидетельствующие о том, что мы евреи.

- А вот, - тут она протянула мне свидетельство о браке- свидетельство, что уже 40 лет мы с мужем живем вместе. Мне этого свидетельства достаточно. Но раз наша дочь так хочет, чтобы у нас была Хупа, то только ради нее я это все сделаю.

Хупа в Афуле, Израиль.
Невесте 85, жениху 100!

А зачем вообще жениться?

Раввин Манис Фридман как-то участвовал в телевизионном диспуте с представителями других религий на тему:" Есть ли будущее у смешанных браков?"

Протестант приводил свои доводы, доказывая, что рано или поздно такие браки разваливаются. Другой, представитель христианства сказал, что такие браки жизнеспособны, если супругов объединяет "клей" под названием "любовь"...

Когда очередь дошла до раввина Фридмана, он сказал: "Я, как настоящий еврей, отвечу вам вопросом на вопрос: А зачем вообще жениться? Чтобы жить вместе? В наше время можно сожительствовать и без брака! Чтобы иметь детей? Детьми тоже можно обзавестись не женясь..."

Ведущий: "Уважаемый раввин, я понимаю: если вы задаете вопросы, стало быть у вас и ответы на них есть?"

Раввин Фридман: "Я не могу ответить за весь мир. Но лично я бы не женился, если бы не знал, что Тот, кто создал наш мир, создал также и институт брака. В Торе говорится: " И сказал Г-сподь Б-г: нехорошо человеку быть одному; сделаю ему помощника под стать ему"

И еще: "Поэтому оставит мужчина отца и мать, и прилепится к жене своей, и станут они единой плотью""

Тот, кто придумал институт брака, дал нам сценарий проведения еврейского бракосочетания, он же, наш Создатель утверждает, что брак евреев с другими народами работать не будет, такие семьи не удостаиваются благословения свыше.

Папа женится на маме

Рухама Розенштейн приехала в Израиль в 1995 году из Днепропетровска. Она около 10 лет работает медсестрой в Ланиадо (медцентр в Нетании). Работает посменно, ну а свободное время?.. Свое свободное время она отдает другим!

Она – мадриха (консультант), которая инструктирует женщин при подготовке к окунанию в миквэ. Чтобы получить эту особую профессию, она закончила специальные годичные курсы "Разэй Тоhар", в Кфар Хабаде. Сфера ее деятельности широка: она обучает русскоязычных невест, которых к ней направляет раввинат, организовывает *Фарбренгены (собрания)*, раздает листовки с целью приблизить евреев к традициям, проводит уроки с женщинами различных возрастов по *Таарат Амишпаха* . Все это на добровольных началах.

Рухама: "Я с радостью привожу женщин окунаться в миквэ. Я вижу, как их лица меняются после окунания! Они все светятся, такая особая атмосфера вокруг них, как будто с них сошла пелена... Приходят они со своим грузом, а после окунания ситуация меняется, им легче справляться с житейскими проблемами ... Одна смотрится в зеркало после окунания в миквэ: "Ой! У меня лицо как будто просветлело! Не узнаю саму себя!

По указанию Любавичского Ребе Рухама со своими подругами основала организацию Апирьён (свадебный балдахин), которая устраивает Хупы для немолодых пар под девизом: "Папа женится на маме!"

Лозунг напоминает шутку:

«Мальчик : Отец, как мне выбрать невесту, они все такие чужие и незнакомые!

Отец: Ну, как я женился...

Мальчик: Но ведь ты женился на МАМЕ!»

Ну а если серьезно: супруги, прожившие друг с другом десятки лет, наконец- то могут снова стать молодоженами, отпраздновав свою долгожданную еврейскую свадьбу! Стоя под свадебным балдахином, они обновляют свой союз друг с другом, присоединив к нему навсегда Благословение Самого Всевышнего.

Все хупы проводятся под наблюдением раввина, Аарона Шапиро, из Пардес Кац, он же один из тех, кто ведет саму церемонию.

Хупа, в свою очередь связана с миквэ, в которую невеста окунается до свадьбы. Замужние женщины продолжают пользоваться миквэ.

Есь женщины, которые, приехав из бывшего Советского Союза, к сожалению, не были раньше знакомы с этой чудесной заповедью. Теперь, когда они поняли важность законов Таарат Амишпаха, то идут в миквэ в первый раз, будучи уже замужем. Многие видят в этом их месть тоталитаризму... Для многих женщин в преклонном возрасте единственного окунания будет достаточно, чтобы быть разрешенной своему мужу на все оставшиеся годы.

Роль Рухамы и ее подруг, *мадрихот*, в том, чтобы восполнить упущенное и помочь женщине исполнить эту заповедь как положено, на все 100%.

Рухама рассказала мне: "Сперва я вела счет посещениям миквэ, которые мы организовали: 20 , 30, 40, после 70, я перестала считать. Вам кажется это много? Ребе мне ответил: те цифры, которые вы приводите, совсем не достаточны, надо неизмеримо больше!"

И уж если вы будете разговаривать с Рухамой о миквэ, она расскажет вам нескончаемое количество чудесных историй, свидетелем которых она была сама.

Пока не поздно!

Для тех счастливчиков, которым семейное счастье дается без особых усилий, законы Чистоты Семейной Жизни таят в себе приятные сюрпризы:

Нелла, Сан-Франциско: Мы прожили с мужем вместе 30 лет. Жили прекрасно и до миквэ и хупы, но мы были как бы каждый по себе. После хупы мы стали как одно целое! Сима и Моше приехали из России, им уже за 80, и позади десятки лет совместной жизни. Моше всегда мечтал поставить Хупу. И вот, наконец, такая возможность им предоставилась! Хупа была очень трогательная. Жених приехал на инвалидной коляске...
- Сима, Моше, что вы чувствуете после вашей Хупы?
Он: "Нет слов!"
Она: "Потрясающе!"
- Что вы хотите пожелать другим парам?
Она: "Не тяните резину!"

Порой, когда пара решает сделать себе еврейскую свадьбу, они даже не подозревают к каким чудесным последствиям приведет их Хупа.
Дочь, мать-одиночка, уже 17 лет уговаривала родителей, чтобы те поставили наконец-то хупу. Ей это удалось, в конце концов. Дочь вышла замуж через несколько месяцев после Хупы ее родителей.
Другая женщина забеременела долгожданным ребенком, которого ожидала на протяжении 13 лет, лишь после того, как ее родители отпраздновали традиционную еврейскую свадьбу.

Хупа по секрету Рассказывает рабанит Гендель

Я бы хотела напомнить читательницам эту историю, связанную с духовным подвигом раввина Екатеринослава-Днепропетровска в 1909-1939 годах раби Леви-Ицхака Шнеерсона. Однажды в поздний час в двери дома раби Леви-Ицхака постучали. На пороге стояла испуганная женщина: «Ребе, вы должны нам помочь, моя дочь выходит замуж. Неужели новая семья начнется без еврейской свадьбы, без хупы?» В полночь рабби Леви Ицхак и его жена, рабанит Хана, пригласили надежных людей, но не хватало еще одного десятого еврея. Ведь без миньяна не принято (хотя и можно) ставить хупу. В этом же доме, этажом выше, жил еврей, который был председателем домового комитета, а по совместительству, и стукачом, приставленным к р. Левику (как ласково называли евреи раби Леви-Ицхака Шнеерсона). Его-то раби и пригласил в качестве десятого!

Свадьба была без музыки, без застолья, хупой служила растянутая за четыре угла скатерть. Лицо не только невесты, но и жениха, было покрыто – чтобы никто не смог опознать их. Но разве все это помеха настоящему хасидскому веселью и великому чуду соединения двух чистых еврейских душ, которому не в силах помешать никакие режимы и запреты? Семья начала свою жизнь по всем правилам, всем назло. Кто знает, сколько детей и внуков, а то и правнуков этой четы живут теперь рядом с нами... Рано утром, еще затемно гости стали расходиться. Счастливые жених и невеста с матерью ушли – их ожидали еще семь праздничных дней, которые они также тайно отметят у себя дома. Рабби Левик вернулся к своим повседневным обязанностям. Но кто сказал, что устройство и проведение еврейской свадьбы – не повседневная обязанность раввина? Эта история была бы неполной без одной, отнюдь не второстепенной подробности. Что случилось председателем домового комитета, с тем самым «десятым» евреем? С этого дня, точнее с этой ночи, он стал преданным учеником рабби Левика. Вскоре он окончательно вернулся к еврейству и еще не раз выручал Ребе, заступаясь за него перед властями.

Эта история стала легендой... Она вдохновила и побудила к действию множество евреев, в том числе создателей организации «Апирьон» в Израиле, которые стали проводить свадьбы для молодых и для пожилых, распространять знания о законах чистоты семейной жизни, понимая, что свет заповедей озаряет не только тех, кто их выполняет, но и тех, кто наблюдает за их выполнением или соприкасается с этим исполнением, как это случилось с тем самым «десятым».

Подарок на День Рождения

Как-то, когда Рухама отсыпалась после ночной смены, неожиданно позвонил ее сотрудник, врач-анестезиолог.

Нет, не было никакой медицинской срочности...

Приближался день рождения его жены. И та захотела необычный подарок. После долгой, счастливой и обеспеченной жизни вместе, она попросила устроить Хупу в качестве подарка на именины!

Что же подтолкнуло женщину к этому? Двадцать лет тому назад она смотрела трогательный фильм о том, как спасшиеся от Катастрофы еврейские пары ставили себе Хупы после войны. Этот фильм, эта надежда и вера спасшихся людей, строящих заново свою жизнь на обломках Катастрофы, запомнился жене врача. И теперь она решилась сама последовать их примеру, бросив вызов советскому режиму, пытавшемуся оторвать ее и ее соплеменников от своих еврейских корней.

Рухама с радостью согласилась посодействовать и сказала:

"Чтоб Мошиах пришел так же неожиданно,

как ты мне позвонил!"

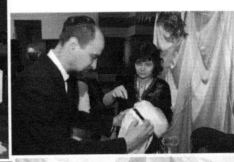

Мазаль Тов! Мазаль Тов! Двойная Хупа "на брудершафт" состоялась в Днепропетровске!

Три ангела...

Эта история мне особенно дорога, так как она дает мне силы и желание выполнять свою миссию с радостью. Она позволила мне на деле увидеть, что каждый еврей, кто бы он ни был, и где бы он не находился, необычайно дорог для Всевышнего и для Ребе!

Три часа пути из Нетании, и вот я сижу перед пожилой супружеской парой лет 80+, выходцами из России, в прошлом известными учеными.

Еще неделю назад путешествие сюда, в поселение около Иерусалима, совсем не входило в мои планы. Однако, Всевышний распорядился иначе...

Четыре дня назад позвонила моя дорогая подруга Дина: "Рухамочка, ты у меня последняя надежда! Я уверена, что только ты сможешь выполнить это поручение! Уже довольно давно я знакома с пожилой еврейской парой. Интеллигенты, были профессорами в Москве. Они оставили все и приехали в Израиль, чтобы быть в помощь дочке и внукам. Семья их дочери вернулась к вере отцов, и им не терпится увидеть бабушку и дедушку под Хупой. Вот уже на протяжении многих лет их бабушка Лея, вежливо обещает "подумать", а дело так и не движется. До каких пор?! Короче, Рухамочка, мое тебе благословение, чтобы с твоей подачи, дай Б-г, от теории они, наконец- то, перешли бы к практике! Лед должен тронуться! И если не сейчас, то когда?"

Оказалось, что пара живет в поселении, неподалеку от Иерусалима, больше пяти часов тряски на автобусе туда и обратно. Где они, и где я!? Не то, чтобы я была против приехать к ним. "Но какой смысл отправляться в такую даль, когда у меня столько работы рядом?", - подсказывала мне логика... На такую поездку нужно указание Ребе...

И я его сразу получила. Оно было однозначным:

«... Греки воевали не с мудростью Торы, а ради того, чтобы она была забыта... Чтобы евреи нарушили законы, являющиеся волей Всевышнего. Евреи же шли на самопожертвование ради соблюдения заповедей, не полагаясь на логику. Еврейское противостояние привело к великой победе, благодаря которой был установлен праздник на все поколения. Каждый из нас в служении Всевышнему должен извлечь из этого урок...

Посылаю это письмо без отлагательств, срочной почтой...

В благоприятный час упомяну о вас, чтобы ваши пожелания сбылись к лучшему во всем, о чем вы упоминаете в вашем письме... С благословением на добрые вести во всем выше сказанном» (Том 23, стр. 70)

Я тут же сообщила Дине, что мы на пороге новых приключений... Едем!

Как нам лучше представиться? Как объяснить этим людям причину нашего прихода? Не говорить же им сразу, напрямую о цели нашего визита?!...

Ребе все устроит, ведь мы выполняем его поручение!

Вскоре, после получения ответа Ребе, Дина опять связалась со мной. Оказалось, одновременно с Диной, вдруг, без каких бы то ни было на то видимых причин, родственница этой пары позвонила Дине и сказала, что она опять решила затеять с ними разговор по поводу хупы. Она уже договорилась с супругами о том, что к ним домой, в поселение, приедут женщины... Просто так, поболтать... Они даже не поинтересовалась, к чему это, и о чем...?

Ну, не чудеса ли это?

Час езды из Иерусалима в бронированном автобусе, и вот мы оказались в поселении. У нас в распоряжении имелось всего три часа. Ровно через три часа, отходил последний автобус из поселения обратно на Иерусалим.

Нас встретила Лея - симпатичная, ухоженная моложавая женщина. Не верится, что ей 80!

Наш разговор было легко начать с комплимента.

Нас пригласили к столу. На столе печенье и напитки, купленные специально для нас, со знаком самой подходящей нам кошерности. Муж-профессор зашел в гостиную, извиняющимся тоном пожаловался на неважный слух и устроился в кресле, неподалеку от жены, и как-бы задремал.

У меня нет проблем вести беседы на разные отвлеченные темы с такими, как я, выходцами из России. Когда нет важной темы для разговора, можно растянуть праздный диалог длиной в несколько часов о классической музыке, мировой литературе... И вот... Моцарт, Бах... А стрелка часов кружится... Пушкин, Гарсия Лорка... Время идет... Опера Кармен... Опять взгляд на часы... Полтора часа из трех уже пролетели! Мы все еще не приблизились в нашей беседе к сути того, зачем мы сюда приехали. Ну, скажите, как перейти от греческой культуры к еврейскому браку и Хупе?! Время поджимает, а Эгед, автобусная компания, "почему-то" не согласовал с нами свое расписание...

Дина пытается продолжить разговор, я же использую свою спасительную тактику — произношу тихонько фразу: "Да живет вечно наш Господин, Учитель и Ребе"...

И тут, профессор Лея неожиданно меняет тему и начинает рассказывать о своих любимых внучках, которые в данный момент путешествуют по рекам южной Америки и совсем не боятся воды...

Я мгновенно ухватилась за тему о воде, как за спасательный круг... Где вода, там и миквэ: "Знаете, Лея, есть такие женщины, которые боятся воды, и поэтому не ходят в миквэ?"

Наконец- то! Слава Б-гу, в нашем разговоре всплыло долгожданное слово " миквэ". Под это дело я тут же вручила ей заранее заготовленные материалы, набор подготовки к посещению миквэ и показала альбом фотографий еврейских свадеб, организованных нашей организацией.

А время идет... Осталось 12 минут... Что еще?

Я подчеркнула, что мы только предлагаем, а Лея пусть сама решает. Мы договорились о том, что через пару дней мы ей позвоним, и будем очень рады услышать ее положительный ответ насчет миквэ. А там, глядишь, и хупа не за горами...

"Хупа?!,- пожилой профессор (у которого были проблемы со слухом) неожиданно засуетился в своем кресле, - а почему бы и нет? Мы как раз через месяц празднуем 60 лет совместной жизни, вот и Хупу поставим!"

И вдруг у меня похолодела спина от ледяного взгляда предполагаемой невесты и от ее угрожающего шепота в сторону мужа: "Что, ты уже решил за нас?"

Я попыталась спасти ситуацию, подчеркнув, что такое не делается под нажимом, и решает только она..."

"Ладно, позвони ко мне во вторник",- согласилась Лея.

А часики все тикают. У нас в распоряжении 5 минут, и том Игрот Кодеш в моей сумке, оказался очень кстати. Я предложила профессору обратиться к Ребе за брахой.

"Не знаю я никакого Ребе, кто он вообще такой?",- спросил тот.

И тут Лея возмутилась: "Что я слышу?! Это не просто кто-то, это Ребе! РЕБЕ! Даже я это понимаю!"

Время истекает, в оставшиеся 2 минуты профессор открыл Игрот Кодеш, объявив вслух, что просит благословение на здоровье его жены.

В ответе Ребе дал благословение на хорошее здоровье и удачу. Это письмо открылось в 27 томе, стр. 546 и было напечатано в оригинале на русском языке!

Вот текст письма:

«Дорогой Борух

Ваше письмо прибыло с большим опозданием и только что получено.

Дай Б. Исполнение всех в. пожеланий к лучшему и скоро, в особенности что теперь уже весна, когда все возобновляется и освобождается от холода, мороза, и т.п., и чтобы в хорошем здоровье и в хорошем настроении Вы и все Ваши провели эти дни и месяцы.

С пожеланием веселых праздников и всего наилучшего.» (Том 27, стр.546)

После теплого и сердечного прощания, полные надежды, мы вошли в автобус.

Во вторник, как мы и договаривались, я позвонила Лее Ее ответ звучал немного с иронией: "Ладно, уж! Я начала считать..." И продолжила: "Но, чтобы вы знали, я это делаю только потому, что вы так уверены в своей правоте, чтобы у ВАС была мицва!"

Стоило ехать в такую даль, чтобы услышать такое! За словами профессора Леи сияла еврейская душа, которая по своей натуре всегда способна делать добро другим, даже если не видит в этом пользы для себя самой! Лично для меня это стало наглядной иллюстрацией хасидского взгляда на мир, который освещается в книге Тания.

Лея захотела окунуться в миквэ, в Иерусалиме. Втроем, я, вместе со своими двумя подругами, встретились с ней на центральной автобусной станции. Такси привезло всех нас в одну из самых больших и роскошных микв в городе.

Зайдя в миквэ, Лея обратила внимание на, что там царило оживление. Непрекращающиеся звонки, сообщавшие баланит (женщине, ответственной за погружение) о завершении подготовки к окунанию, постоянно открывающиеся и закрывающиеся двери комнаты ожидания, которая была заполнена до отказа. Лее вдруг стало ясно, что на самом деле эта заповедь, заповедь чистоты семейной жизни, действительно соблюдается очень многими еврейскими женщинами.

Слава Б-гу, в тот день она тоже исполнила ее, как полагается.

На выходе, еще не понимая, что же все-таки, побудило ее окунуться, Лея, со свойственной ей иронией, сказала: "Ну вот, и что это, в мои за 80 лет, мне вдруг взбрело в голову окунуться в миквэ?!"

"А что ты думаешь,- не растерялась я,- нашему праотцу Аврааму было 99 лет, когда он по приказу Всевышнего сделал себе обрезание. И тогда, к нему явились три ангела... Смотри, мы с подругами - твои три ангела!"

Ей так понравилась эта идея, что всю дорогу назад, она улыбалась, и повторяла: "Три моих ангела, три моих ангела!..."

Спустя несколько дней, я позвонила Лее, и сказала: "Три твоих ангела хотят знать, когда у вас будет хупа?..."

На хупе пели особый свадебный хасидский нигун "Арба Бавот". Восьмидесятилетний жених был одет в традиционный белый сюртук, а невеста благословляла присутствующих... Жених настоял, на том, чтобы произнести ключевую под хупой фразу : "Этим кольцом ты освящаешься мне...", на иврите. Ему специально написали транслитерацию ивритской фразы крупными русскими буквами...

Перед хупой я написала Ребе, а под свадебным балдахином его ответ зачитали вслух:

"Мир и благословение!

Мне было приятно получить радостную весть, что ваши сыновья и внуки, чтобы были они здоровы, собираются достойно отметить пятидесятилетие годовщины вашей свадьбы. И, разумеется, в таких делах нужно воспользоваться случаем и таким подходящим моментом, чтобы укрепиться во всех аспектах добра и святости... всем членам семьи и присутствующим.

Да продлит Всевышний, Благословен Он, ваши дни и годы в добре и радости. Ваша заслуга в том, что вы являетесь живым примером для подражания, и ваши напутствия, исходящие прямо из сердца, побуждают всех членов семьи не останавливаться на достигнутом, а продвигаться и подниматься к новым высотам во всем, что касается Торы и заповедей. И это прибавит всем вам благословение Всевышнего во всех аспектах, в том числе и самого главного - нахеса, радости и удовольствия от всех ваших потомков, на долгие годы...

С благословением на долгие дни и счастливые годы, да будете вы записаны и запечатаны на добрый и сладкий год во всем, как в материальном, так и в духовном."

(Том 28, стр. 304-305)

А чего тут стесняться?

Иногда возникают забавные ситуации когда пара, прожившая долгое время вместе, ставит себе Хупу.

Вот одна из них:

Женщина, которой лет 40, обратилась к Йудит с просьбой проинструктировать ее перед Хупой.

Она и ее будущий муж уже много лет живут вместе, и растят детей от своих предыдущих браков.

Вот только до Хупы до сих пор времени не нашлось...

Наконец- то, в добрый и счастливый час, пара решила привлечь Всевышнего в их семейный союз. Они решили поставить Хупу. Свою еврейскую свадьбу они хотели отпраздновать скромно, в кругу ближайших родственников. Разумеется был приглашен раввин и Йудит.

И вот, в назначенный день все собрались. Началась подготовка к проведению церемонии Хупы.

Жених уже подписался в *Ктубе*, фата есть, вино и бокал на месте... Но раввин почему-то медлит. В чем дело? - Не хватает мужчин для *миньяна*! Мужчин пришло мало. В добавок нужны были свидетели, и они не могли быть членами это семьи...

Как быть? Пригласить незнакомых людей с улицы не хотелось, да и невеста категорически запретила приводить чужих.

Время идет, смятение среди гостей растет: " Может можно обойтись шестью, не десятью? Ну, в чем дело?!!"

Нет, нужно десять... Может из соседнего дома пригласить кого?...

И тут, шестнадцатилетний сын невесты разрешил проблему. "Я приглашу сейчас своих друзей",- предложил он, таким тоном, как будто это какое- то совершенно заурядное событие, на которое принято приглашать друзей...

"А ты не постесняешься?", -поинтересовался жених. Понятно, ведь мнение сверстников имеет особую важность в подростковом возрасте.

"Постесняюсь?!!",- в недоумении спросил юноша,-" У моих друзей родители разводятся, а мои- женятся! Чего же тут стесняться?!!"

...Танцевали все: танцевали гости, танцевали мальчики из ешивы, пришедшие веселить жениха и невесту, танцевали дети, внуки и правнуки в колясках.

"Бабушка, мы даже не ожидали , что это будет так классно!",- пронеслась в танце внучка, в то время как дедушка-жених, позабыв о радикулите и высоком давлении, отплясывал с мальчиками "Гоп-казак". Лица светились, в зале царила непередаваемая атмосфера радости и веселья.

Счастливая бабушка-невеста с чувством воскликнула: "Об этой хупе мечтали мои родители!".

Мечта стала былью. Сейчас уже не надо ждать 20, 30 или 50 лет, чтобы заключить еврейский брак.

Ваше счастье в Ваших руках: один телефонный звонок, и Вы уже под хупой.

Мазаль тов! Мазаль тов!

На фото: четыре пары, четыре Хупы в один день в синагоге Бродского, Киев.

Всевышний никогда не остается в долгу

Рухама Розенштейн

Иногда Б-жественное Провидение ставит нас в обстоятельства, когда мы вдруг ощущаем потребность в молитве Всевышнему, или в чтении Псалмов (Теилим), а потом выясняется, что это был именно тот канал, по которому пришло благословение Всевышнего и спасло нас, или наших близких...

-Причем тут миквэ, хупа?- спросите вы...

-А при том, что я чувствую, что не имею права закончить свой "сериал" рассказов, не прибавив: " Всевышний никогда не остается в долгу". Да, тем, кто с радостью и с самоотверженностью выполняет Его Заповеди, или помогает другим в их выполнении, Всевышний платит неожиданно и неслыханно щедро, иногда с помощью знамений и явных чудес. Слава Б-гу, не один и не два раза я удостоилась видеть это в своей жизни.

Моя младшая дочь, Лея Малка, всегда мой незаменимый помощник в организации и проведении еврейских свадеб для пожилых еврейских пар из бывшего Союза. В день проведения Хупот, Лея Малка берет выходной, тратит полтора часа на езду, привозит все необходимое, готовит, сервирует, подает, да еще и прекрасно фотографирует.

Также и в тот раз, перед Субботой, предшествующей Песаху, она самоотверженно помогла провести две свадьбы. Субботу они с мужем провели у меня, а на ее исходе вернулись в Кирьат Малахи. Я же пошла работать в ночную смену.

Вдруг, в 3.30 утра я получаю сообщение по телефону:" Мама, ты спишь?"Я тут же перезвонила ей, услышала ее дрожаще-бодрый голос:" Только не волнуйся, мама, все в порядке, просто у нас был пожар..."

Хозяйка дома, на первом этаже которого они снимали квартиру, вернулась поздно ночью из поездки, и почувствовала запах горелого. Оглядев свою квартиру и не найдя ничего подозрительного, она продолжила поиски на первом этаже, где жили Лея с мужем. Ей сразу бросилось в глаза их кухонное окно, освещенное пламенем. Горел пластмассовый стол, прислоненный вплотную к окну. Хозяйка не могла докричаться до молодых, и даже попыталась звонить к ним по телефону, но телефонный аппарат уже горел на том же столе...

От кухни до спальни пятиметровый коридор, дверь спальни закрыта, дочка с зятем спят и не чувствуют запаха, хотя коридор уже заполнился удушающим дымом и копотью.

Хозяйка вызвала пожарников. Те разбили кухонное окно и начали тушить пожар,- молодые по прежнему спали. Они проснулись только тогда, когда застучали в окно их спальни. Эвакуироваться из квартиры оказалось не так то просто: коридор и салон заполнены дымом и копотью, света нет, темнота, тяжело дышать. На ощупь они добрались до железной входной двери и... с Б-жьей помощью спаслись.

Придя в себя и осознав происшедшее, они начали считать чудеса:

- в массивной железной двери чудом оказался вставленным ключ, иначе во тьме и гари они просто не могли бы его найти, а все окна в железных решетках;

- 2 газовых баллона стояли все это время , плотно прислоненные к наружной стене, за которой пылал стол - и слава Б-гу не взорвались;

- во всей кухне сгорел только стол. Холодильник, плита, духовка и стиральная машина закоптились и почернели, но, слава Б-гу не были повреждены. Со временем вся копоть отмылась;

- все, что находилось на столе, сгорело, кроме... книги о законах еврейских праздников, которая сгорела наполовину, как раз до страницы о законах Песаха, который должен был начаться через несколько дней;

- перед Песах в недельной главе Торы говорилось о жертвоприношениях, которые, как известно, сжигались на жертвеннике. В наше время, говорят еврейские мудрецы, стол в доме - это жертвенник...

Все это мне стало известно от дочки в 3.30 утра, и, прикинув быстро события моей ночи, я дополнила список чудес:

- в ту ночь я была на дежурстве. Почему-то в начале смены мы решили изменить порядок работы в отделении. Что-то сделали раньше, что-то отложили на потом, в результате: между часом и двумя ночи у меня образовалось окно - целый час свободного времени! Я решила заполнить его чтением *Теилим* - Псалмов. В 2 часа я снова вышла в отделение, а в 3.30 позвонила моя дочь... Выслушав от нее всю историю и возблагодарив Всевышнего, я спросила ее: "Лея, в котором часу все это произошло?"

- Между часом и двумя ночи,- ответила она.

Круг замкнулся- Хвала Всевышнему! Я тут же написала о происшедшем Ребе (том «Игрот Кодеш» я храню на работе).

В ответе писалось: «Вы удостоились жить на земле Израиля, на которой глаза Всевышнего с начала года и до конца года. Не спит и не дремлет страж Израиля... с благословением на хорошие вести.»

- Ты обрела своих детей заново!,- заключила рабанит Рахель Гендель, выслушав мой рассказ, которым я прощаюсь с вами, дорогие читательницы, на страницах этой книги. Но, с Б-жьей помощью, с нее начинается наше плодотворное и увлекательное сотрудничество во имя нас, наших семей, нашего народа, во имя Всевышнего.

Рассказ Оры

Ребе не раз говорит о невозможности и вреде так называемого "планирования" семьи. Конечно, семейная пара в состоянии предпринимать меры (с точки зрения иудаизма есть разрешённые и не разрешённые методы предотвращения беременности) для того, чтобы не иметь детей в течение того или иного срока. Но чего стоят наши планы и кто нам даст гарантии того, что когда мы наконец то захотим иметь ребёнка, у нас это получится? Ведь зачатие, беременность и роды— это на самом деле чудо, которое исключительно в руках самого Всевышнего.

Когда нашему старшему исполнился год, я написала письмо Ребе с просьбой о благословении на вторую беременность. Ответ не сохранился, помню только, что там было сказано о необходимости объяснить двум еврейским семьям о важности соблюдения законов семейной чистоты.

Тогда мне это показалось практически невероятным: где я буду искать эти семьи, как буду это им объяснять... в общем, на этом все и остановилось. Тем временем мы переехали в Израиль, к тому времени старшему было уже полтора года.

На хасидском собрании в честь 18 Элула я начала искать кого-то, кто поможет мне организовать работу с людьми в свободное время и меня познакомили с Рухамой Розенштейн. Она дала мне книжку «Между нами женщинами», составленную Любой Перловой и сказала: «Для начала прочитай это». Книга мне очень понравилась, но все равно я с трудом представляла как и с кем разговаривать на эти темы. В этот период я была очень занята устройством на новом месте, в новой для нас стране, и решила, что это повод для того, чтобы оттянуть дальше выполнение рекомендаций Ребе.

Затем у меня была беременность, которая, к сожалению, кончилась неудачно; после этого я опять написала Ребе и опять получила письмо про распространение законов чистоты семейной жизни.

На этот раз я отнеслась к письму серьезнее. Я сказала Рухаме, что нельзя ограничиваться только Израилем, и начала заниматься отправкой книг на Украину и в Россию. Мне хотелось, как Рухама, убедить какую-нибудь пару поставить хупу, но я совершенно не представляла, как обратиться к людям, с кем и как разговаривать?

Я раздавала книги индивидуально и небольшими количествами для женских уроков Торы и для тех женщин, кто занимается с невестами перед свадьбой. Мне звонили из Эйлата и благодарили за книгу; говорили, что она очень хорошо повлияла на семейную жизнь.

Примерно год назад, Эстер Брусиловская, координатор женской еврейской организации Киевской общины, приняла мое предложение пригласить Рухаму в Киев для проведения лекции. В Октябре 2013 года состоялась лекция Рухамы в Киеве и несколько лекций в Днепропетровске. В результате этого тура, в Киеве поставили одновременно четыре хупы, в Днепропетровске сперва поставили две хупы, а потом сразу 19 хупот в один вечер!

А что же было со мной? Когда я стала распространять изданную Апирьоном книгу "Между нами, женщинами ", то забеременела и родила в добрый час, 19 Тевета (22.12.2013), второго мальчика, которого мы назвали Йосеф-Ицхак, в честь Ребе РАЯЦа. Рухама восприняла рождение моего сына как "подарок" на её день рождения, который тоже приходится на 19 Тевета! Помню, что когда я позвонила Рухаме поздравить её с днём рождения, та пожелала мне быстрых и лёгких родов, на что я ей беспечно ответила, что у меня ещё есть пару недель в запасе. И что вы думаете, благословение Рухамы сработало неожиданно быстро, и уже через четыре часа я обнимала своего новорождённого сына Йосефа Ицхака!

Роды прошли очень легко. Я отношу это к тому что ровно за месяц до родов, на хасидском собрании 19 Кислева я дала пожертвование и получила взамен доллар Ребе с благословением на легкие роды. Так замкнулся круг.

Теперь, все хорошее, что происходит со мной, отношу на заслугу организации Апирьон, которую основала Рухама Розенштейн по указанию Раби, полученному через Игрот Кодеш. Мне повезло стать активистом этой организации!

3 Тамуза (1.7.2013) состоялась первая хупа, которой способствовал мой разговор с невестой. Организация Апирьон помогла организовать это на деле.

Ребе никогда не остаётся в долгу и щедро награждает всех, кто выполняет его указания! Тем более когда речь идёт о распространении знаний о Тагарат Амишпаха.

Ребёнок родился после посещения миквэ.

Рассказывает Диана, Россия

Мои знания в области еврейских традиций только начинают развиваться.

О миквэ я слышала давно и от разных людей, в основном религиозных, но что это и как, на личном опыте,— я узнала только после семинара, посвящённого Тагарат Гамишпаха, в январе 2015 года. Мероприятие было на столько душевным и эмоционально глубоким, что я решила для себя, что обязательно хочу пройти этот обряд, причем с максимальным соблюдением всех необходимых правил!

Одна ребецин вызвалась быть моей доброй наставницей и учителем. Несколько вечеров она рассказывала мне о традиции и таинствах миквэ, очень переживала, чтобы я все поняла, запомнила и сделала правильно, на столько, на сколько я сама к этому готова. Это очень важно, т.к. мне всегда сложно воспринимать давление или указания, а тут-желание идет само, изнутри.

Первый раз пришелся на вечер пятницы-в Шаббат. На улице стоял 20ти градусный мороз! Я выбрала для себя миквэ по причине территориального удобства, и ни разу не пожалела! Там очень уютно, чисто, красиво и работает замечательная и светлая баланит. Это важно, баланит-твой первый человек, которого ты встречаешь после окунания в миквэ, те сердечные слова, пожелания и благословения, которые она тебе дает, остаются на долго в памяти!

Сложно передать ощущения после прохождения всей подготовки к миквэ и самого погружения. Это как глоток чистой воды и заряд положительной энергией. Ты очищаешься духовно и смываешь прочь весь негативный заряд.

Сама подготовка к миквэ для меня была очень тяжелым испытанием. В отношениях с мужем мы очень близки и отделение на 5+7 дней дались нам безумно тяжело. Первые дни тебе ограничения не мешают, но потом это становится настоящим испытанием, ведь нельзя даже за руки держаться и обниматься.

Но после миквэ, ты радуешься как дитя, что выдержал и все прошел! В период ограничений открываются новые знания, они становятся более глубинными и прочувствованными. Я каждый раз благодарю себя и мужа, что мы проходим этот путь. И еще, мой опыт посещения миквэ был всего три раза, каждый раз когда я приезжала, меня встречала в миквэ та же милая баланит!

С весны я туда больше не ходила, Б-г услышал наши молитвы, и мы ждем долгожданного малыша! Я считаю этот настояшим чудом!

ଚ

В продолжение истории добавим, что недавно у Дианы родился здоровый мальчик!

Мазаль Тов!

А вы пробовали обратиться НАВЕРХ?

Записала Люба Перлова, (имена изменены)

С Ханной и Моше мы знакомы уже давно, у них Слава Б-гу, дружная и счастливая семья. Возможно, что если бы я не готовила эту книжку к печати, я бы никогда не узнала бы их историю...

Рассказывает Ханна:

Было это еще в России. В 1980 году у нас родилась дочь, но жила всего 3 дня. В 1983 году родился мальчик, но жил лишь 18 дней. В 1985 случился выкидыш. В 1988 я легла в больницу из-за угрозы выкидыша. Кончилось тем, что были искусственно вызваны роды, и, к сожалению, легкие ребенка не открылись, и он умер. После уймы проверок, врачи сказали нам, что у нас 25% риска родить нежизнеспособного ребенка.

Как только мы приехали в Америку, мы сразу же обратились к врачам-генетикам. После того как мы сделали все анализы, какие только существуют на свете, врачи сказали нам, что у нас те же 25% риска. и в ближайшие 50 лет они нам помочь не смогут. "Послушайте мой совет," сказал доктор, "я не рекомендую вам больше экспериментировать, сберегите нервы, и усыновите/удочерите ребенка."

Я возразила:" Но у нас все же есть 75% шансов на удачу, а это в 3 раза больше риска!"

- На словах это так, а на деле? Ведь до сих пор удача вам не улыбнулась,- ответил доктор.

Как-то пришли к нам наши знакомые и подарили мезузу. Я спросила:" Что это?" Они сказали, что эта вещь будет охранять наш дом. Прежде чем мы успели понять, как и куда ее прикрепить, наши друзья позвонили, и сказали, чтобы мы ею пока не пользовались, так как сперва нужно проверить, *кошерная* ли она.

Мы нашли русскоязычного *сойфера*, вручили ему нашу *мезузу* и разговорились. Он пригласил нас к себе домой на встречу Субботы. Мы пришли, вернее приехали... запарковали машину подальше, чтобы его дети не видели, что мы нарушаем Субботу... Познакомились с его женой и детьми и очень хорошо провели время. Потом они приглашали нас еще и еще... Нам нравилось бывать у них.

Услышав о наших горестных попытках родить здорового ребенка, он сказал нам однажды: "Вы говорите, что уже испробовали все методы, и никакой из них не помог? А вы пробовали обратиться НАВЕРХ?", и он показал на небо... "Понимаете,- продолжил он,- Есть 613 невидимых нитей, соединяющих нас со Всевышним. Когда мы исполняем какую-то Его заповедь в физическом мире, то мы как бы ухватываемся за одну из этих нитей, а по ней, как по каналу, спускаются сверху Благословения. На мой взгляд, ухватитесь пока что хотя бы за 5 из 613 нитей: Суббота, *Миквэ*, *Хупа*, *Брит* и *Кашрут*."

Терять нам было нечего. Таарат Амишпаха и Субботу стали соблюдать сразу. *Брит* для мужа, которому тогда было 38 лет, тоже пережили... Я забеременела опять. Всю беременность пришлось лежать из-за опасности выкидыша. Ребенок родился вовремя, но прожил, к сожалению, всего только 5 месяцев. После этого, мой муж сказал: "Хватит экспериментов!"

Но я не сдавалась. Как я смогу простить себе и спокойно жить, если не доведу дело до конца, и не буду уверена, что я сделала все, что в моих силах, чтобы удостоиться здорового, жизнеспособного ребенка?! Мы держались пока что лишь за три нити из пяти: Суббота, *Миквэ* и *Брит*. Впереди была *Хупа*.

А когда оставалось всего две недели до *Песаха*, у меня возникла идея: " Давай откашеруем нашу кухню! "

Мой муж:" Да ты что, с ума сошла? И так столько приготовлений, найдем время поудобнее..."

А я за свое: "Так или иначе к Песаху будем драить кухню, так уже сразу и откошеруем. Зато с этого *Песаха* и далее у нас будет *кошерный* дом, да и времени откладывать у нас нет - возраст..." Не долго спорили и решили пригласить раввина, чтобы он помог нам откашеровать кухню.

Это был наш первый Кошерный *Песах*!!!

Через месяц я обнаружила, что беременна, а еще через 8 месяцев я родила здоровую девочку!!!

Теперь – соблюдать или не соблюдать все заповеди и в какую школу посылать ребенка: в светскую, или религиозную, и т.д.- у нас вопросов не стоит! Мы стараемся ухватиться за все 613! Мы делаем свою работу в этом мире, а Всевышний выполняет свою часть - посылает нам Свои Благословения! Когда мы идем по пути Всевышнего, нет ничего невозможного! И скажите, если мы способны так перевернуть нашу жизнь, нашу судьбу, так почему же до сих пор мы не видим Мошиаха?! С его приходом исчезнет навсегда зло и восторжествует добро!

Ведь это благодаря заслугам женщин мы вышли из Египта. *Тора* учит нас, что и в будущем, то есть в наше время, еврейский народ удостоится окончательного избавления благодаря нам, женщинам. А все, что от каждой из нас требуется, это по-настоящему захотеть, и выйти за рамки удобного и привычного, сделать еще одну Мицву, еще одно доброе дело, и Всевышний не останется в долгу.

Дорогие женщины, в нас заключена такая сила! Мы можем принести столько света в этот мир!

Давайте же будем исполнять нашу миссию и не робеть, ведь мы не одни, - Всевышний до такой степени с нами, даже трудно представить!

Книга и спасение

Эта история произошла со мной в 2012 году.

Началась она с очень хорошей новости - в нашей семье ожидалось прибавление. Что может быть лучше?

Проблемы с беременностью начались почти с самого начала.

Как только я поняла, что беременность проходит не совсем гладко, мы с мужем сразу же написали Ребе. Хотелось услышать его ободряющее слово, благословение и указание о том, что мы можем сделать, чтобы произошло чудо, и беременность, с Б-жьей помощью, завершилась благополучно.

Мы вложили письмо в один из томов Игрот Кодеш. Письмо, которое открылось нам в 23 томе, на стр. 331, завершалось словами: «*...Всевышний поможет в том, чтобы беременность прошла благополучно, и чтобы, в добрый и счастливый час, родился здоровый ребенок.*» Мы очень обрадовались благословению. Начиналось же письмо со списка указаний, одним из пунктов которого было : повлиять хотя бы на три супружеские пары с тем, чтобы они начали соблюдать законы Таарат Амишпаха.

Я поняла, что Ребе поручил это задание мне. Но как его осуществить? Как обратиться к незнакомой женщине, или даже знакомой, и завязать разговор на такую деликатную и личную тему?

В иных обстоятельствах, я могла бы, конечно, отложить это задание на неизвестный срок, уговорив себя, что у меня и без того есть тысяча важных дел. Если какая-то женщина обратится по поводу миквэ, тогда, конечно, я ей помогу.

Однако, моя ситуация была отчаянная, и откладывать дело не представлялось возможным.

И тут появилась идея! Если мне неловко обратиться к женщинам напрямую, то будет гораздо легче сделать это посредством книги . Так родилась идея о создании сборника статей о Таарат Амишпаха, включающего рассказы наших современниц, соотечественниц, и истории из прошлого. Я надеялась, что эта книга, с Б-жьей помощью, сможет вдохновить женщин начать соблюдать эту чудесную заповедь.

Идея, казалось бы, бредовая. По профессии я художник-иллюстратор, а не литератор, и мне никогда не приходилось самой издавать книгу. Как я соберу материалы? Где возьму деньги на выпуск книги? И вообще, я нахожусь на сохранении беременности Разве это подходящее время для таких начинаний!?

Ответов на эти вопросы у меня не было, но сама не знаю как, неожиданно для себя, я оказалась в разгаре работы над этим сборником.

Тем временем, врачи заподозрили и, с помощью повторных проверок, подтвердили угрожающий моей жизни диагноз — особо редкое и опасное осложнение беременности.

Узнав о результатах анализов, мой врач, которая должна была мне делать запланированное кесарево, запаниковала. К своему огорчению я поняла, что мне необходимо срочно искать другого, более опытного специалиста. Время поджимало. И тут, не замедлило сбыться очередное благословение Ребе. Через друзей и их знакомых мне удалось договориться с начальником отделения госпиталя, в котором должна была проходить операция. Он не принимал новых пациентов, но, все же, неожиданно согласился меня оперировать.

В моем состоянии постоянно происходили изменения, я всякий раз обращалась к Ребе за поддержкой и постоянно получала точные ответы и благословения.

В одном из ответов Ребе, в томе 11, на стр. 162, вместе с благословением на удачные роды, был совет проверить мезузы и тфиллин. Мы сразу обратились к сойферу. Мезузы были в порядке, но оба тфиллин мужа, проверенные всего 2 года назад, оказались абсолютно непригодными и не подлежали исправлению. Пришлось приобрести новые.

Параллельно, явно благодаря благословению Ребе, работа над моей книжкой пошла неожиданно быстрыми темпами.

Собирая материал для сборника, по воле Небес, мне посчастливилось познакомиться с Рухамой Розенштейн. По указанию Ребе, она основала добровольную организацию "Апирьон". Благодаря Рухаме работа над книгой буквально закипела. Организация "Апирьон" взяла на себя расходы на издание сборника, многие женщины откликнулись помочь, кто чем может.

Мне же надо было интервьюировать, переводить статьи с английского и иврита, организовать материал, оформлять дизайн обложки и подготовить книгу к печати. Пришлось часто советоваться с раввинами и многому учиться.

Важно подчеркнуть, что работа над книгой шла практически круглосуточно: я работала над ней в Калифорнии, а Рухама с ее подругами - в Израиле!

У нас было ощущение, что создание этого сборника осуществляется на "автопилоте". Разве не чудо, что со дня, когда мне пришла идея написать книгу "Между нами, женщинами", и до дня ее выхода в свет, прошло всего лишь 6 недель!? Это лишний раз показывает насколько важно Всевышнему и Ребе, чтобы как можно больше женщин поскорее узнали о заповеди чистоты семейной жизни и начали ее соблюдать.

Книга уже увидела свет, а я все еще была беременна.

Когда меня госпитализировали, я взяла с собой несколько копий моего сборника для того, чтобы раздать их русскоязычному персоналу госпиталя. Такая возможность мне незамедлительно представилась. Одна из медсестер передала книжку своей маме, ей так захотелось, чтобы мама окунулась в миквэ!

Я находилась в госпитале около пяти недель, вплоть до момента родов.

В это очень не простое для меня время я часто писала Ребе. Когда я читала ответы Ребе, меня переполняли эмоции, , и я плакала от облегчения и острого чувства благодарности и близости к нему. Все, кто получает его точный и прямой ответ чувствуют, наверное, нечто подобное … Это такой особый трепет! В такие моменты у меня не было никаких сомнений в том, что у меня есть сильная поддержка, что Ребе жив, и что он рядом со мною!

Я читала ответы Ребе и знала, что каждое мое письмо к нему и каждый его ответ навсегда вплетаются в историю моей жизни и моего спасения.

С каждым днем беспокойство врачей возрастало. Мое состояние не было стабильным. В любой момент оно могло неожиданно ухудшиться, и я и мой ребенок могли оказаться в смертельной опасности. Десятки порций крови ежедневно размораживались и готовились для меня на случай необходимости, не дай Б-г,. Затем, к концу дня, их выбрасывали и заменяли на свежие.

Откладывать операцию означало подвергать меня излишней опасности. В то же время ускорять развязку было крайне опасно для ребенка, так как он мог родиться слишком рано. Женский врач и педиатр постоянно спорили и меняли мне дату родов. И каждый раз, думая, что на сей раз дата окончательная, я сообщала Ребе, но не получала конкретных ответов. Когда в очередной раз мне передвинули дату, наконец-то, открылся конкретный ответ. Ребе посоветовал обратиться к обоим врачам, и чтобы они вдвоем выбрали окончательную дату! И, хотя, изначально это письмо было написано много лет назад и было адресовано другой женщине, в нем с удивительной точностью была отражена моя ситуация.

Я сделала так, как рекомендовал Ребе. Я позвала врачей, они оба пришли в палату, и дата была выбрана. Я сразу же сообщила об этом Ребе. В ответе было детальное письмо, касающееся подобной операции, которая мне предстояла, а с ним и благословение на удачное излечение.

Тем временем, я невольно стала "знаменитостью" в госпитале. Мой случай заинтересовал врачей из разных отделений. Они, время от времени, заглядывали ко мне в палату. Одного врача я спросила, собирается ли он присутствовать на операции, и тот с юмором ответил: "Увы, все билеты проданы..." И, действительно, мой врач, начальник отделения, планировал мою операцию как военную. Все было рассчитано до мелочей, у каждого врача было свое место и свое задание . Позже, мой врач сказал мне, что в операционной находилось 23 специалиста и один студент…

Во всем этом планировании, на мой взгляд, не хватало лишь одного - духовного настроя. Перед операцией мне хотелось подготовить своего врача, не еврея, осознать свою духовную миссию, но нужные для этого слова никак не находились. Хотя я и была взволнована предстоящей операцией, я верила, что благодаря благословению Ребе операция пройдет успешно, но врач-то понятия не имел о Ребе и его благословении!

Я обратилась к Ребе с вопросом: "Как мне объяснить миссию врача?"

Письмо с точным ответом открылось в 8-м томе , на стр. 145.

«...Получено ваше письмо от 19 Швата. Вы пишите, что находитесь в госпитале под наблюдением врачей, описываете ваше состояние и переживаете по этому поводу. Но, известно, что каждый человек должен быть уверен в помощи Всевышнего - Врача любой плоти, творящего чудеса. И чем больше будет возрастать вера во Всевышнего, тем лучше будет самочувствие. Вместе с тем, наша Святая Тора говорит, что врач является посланником Главного Врача, Врача всякой плоти, дабы принести выздоровление тому, кто в нем нуждается. И чтобы усилить свою веру и привлечь к себе благословение Всевышнего, каждому человеку, в меру его возможностей, необходимо добавить усилий в исполнении заповедей и в изучении Торы и не ограничиваться тем, что он делает сам, но необходимо также побуждать окружающих, и, несомненно, вам удастся в какой-то степени повлиять на них в этих обоих направлениях – в усилении веры и в добавлении изучения Торы и в исполнении заповедей. А мера Всевышнего будет соответствующей - тому, кто старается улучшить духовное или физическое здоровье своего ближнего, Всевышний воздаст за это во много раз больше. И да будет на то воля Всевышнего, чтобы вы сообщили хорошие новости обо всем вышесказанном, с благословением. (подпись Ребе?)»

Когда мой врач в очередной раз навестил меня, я рассказала ему про Ребе и объяснила, что врач- это посланник Всевышнего, и что врач должен осознать это и довериться Ему. И тогда Всевышний поможет, чтобы врач смог исполнить свою миссию наилучшим способом. Я так и сказала, что эти слова мой Ребе велел ему передать. Врач внимательно выслушал меня. Обычно, от него исходили уверенность и спокойствие. Но тут, на какой-то миг, я почувствовала в его взгляде истинное волнение за исход операции. Если бы не поддержка Ребе, я наверняка и сама бы запаниковала. Ребе так усилил мою веру, так поддержал меня, что я верила в удачный исход операции больше, чем сами врачи! Может быть поэтому, они и наведывались ко мне в палату?

Оказалось что многие врачи и медсестры, будучи не евреями, знали о карточке с «Шир а-Маалот» (Песнопение на ступенях Храма), предназначенной для роженицы и новорожденного, и о том, насколько важно нам, еврейским женщинам, иметь ее при себе во время родов и затем, в колыбели младенца. Убедить их в этом посодействовать мне особого труда не представляло.

Перед операцией я, разумеется, опять написала Ребе. Помимо благословения и рассмотрения реальных деталей моей будущей операции, Ребе дал мне особое указание. Когда мне будут делать различные процедуры, я должна мысленно представить себе лицо моего праведного дедушки.

Дедушек своих я, к сожалению, толком не знала, сохранились только несколько фотографий, но в любом случае, я не чувствовала особой связи ни с одним из них… Кто же будет моим дедушкой, если не сам Ребе? Во время неприятных процедур на операции я вспомнила про совет Ребе, и, пытаясь сосредоточиться, закрыла глаза… Я вытягивала из своей памяти фотографию за фотографией и отрывки видео с Ребе, какие только помнила, и мне сразу становилось легче.

Мой рассказ заканчивается тоже хорошей новостью. В добрый и счастливый час я услышала, а затем и увидела мою новорожденную дочь!

Операция продолжалась 4 часа, и, разумеется, прошла успешно, и закончилась самым наилучшим образом, намного лучше того, чем ожидали врачи. Не я, сам врач сказал, что в удачное окончание операции было примешано чудо.

А я чувствовала, что эти чудеса начались еще до того, с задумки и создания этой книжки. И даже еще раньше, с тех пор, как я открыла Игрот Кодеш с поручением Ребе приблизить женщин к заповеди Таарат Амишпаха. Хотя на самом деле, чудо началось 52 года назад, когда, Ребе действительно написал это письмо!...

Эта книжка, которую ты держишь сейчас в руках - частичка этого чуда.

Благодаря этому сборнику мне и моим подругам, с Б-жьей помощью, удалось и удается повлиять на многих женщин начать соблюдать заповедь о миквэ, и, тем самым, принести радость и благословения во многие семьи. Мне подумалось, ну вот, молодчина, работа сделана! Я исполнила желание Ребе!

Как бы не так! Ребе постоянно дает мне понять, что расслабляться нельзя, ведь моя работа не только не закончилась, но лишь начинается!

Поэтому, дорогая читательница, испробовав на себе окунание в воды миквэ, поделись ею - передай эту чудесную заповедь дальше, по цепочке, твоим подругам, родственницам и знакомым. Если же, к сожалению, в силу обстоятельств, ты не можешь в данный момент исполнить эту заповедь во всей полноте, помоги другим к ней приблизиться!

Благословений у Всевышнего хватит на всех!

Коротко о подготовке к миквэ

Законы соблюдения заповеди Таарат Амишпаха подробно освещаются в многочисленных книгах. Список рекомендуемой литературы и русско-язычных мадрихот, вы найдете в конце брошюры. Любая из наших мадрихот будет рада бесплатно проинструктировать и помочь вам исполнить эту заповедь. Эта глава поможет вам получить лишь общее представление об этапах подготовки к погружению в миквэ.
Мадриха по Таарат Амишпаха подробно объяснит вам детали.

Женщина находится в статусе Нида с момента выделения крови из матки, обычно- с началом менструации, но возможны и другие случаи (пятна, особые гинекологические обследования и т.д.). Все время пока женщина нида, интимные отношения и физический контакт между супругами запрещены до тех пор, пока она не "очистится", окунувшись в воды миквэ.

Процесс очищения от состояния нида включает в себя несколько ОБЯЗАТЕЛЬНЫХ этапов:

1. Эфсек Таара- Граница чистоты
2. 7 чистых дней
3. Подготовка к окунанию в миквэ
4. Погружение в кашерную миквэ.

1. Эфсек Таара.

Граница чистоты,- выполняется после того, как выделение крови прекратилось (но не ранее 5-го дня с начала состояния нида). Эфсек Таара необходимо сделать до захода солнца. Перед Эфсек

Таара женщина должна вымыть все тело (или по крайней мере подмыться). Затем обмотать указательный палец белым мягким лоскутом из не синтетической ткани 7на 8 см, он называется Эд Бдика, Бадей Цах. Эти заранее постиранные, нарезанные и упакованные лоскутки можно купить в микве. В Израиле они продаются также и в аптеках.

Надо ввести палец как можно глубже во влагалище и сделать круговое движение. Затем надо тщательно рассмотреть Эд Бдика при дневном свете. Если выделения, оказавшиеся на ткани белого, желтого, зеленого цвета,- то проверка зачитывается, "чиста". Даже самая маленькая точка крови делает проверку "нечистой". Если проверка сомнительного цвета - нужно обратиться к компетентному раввину. Если до захода солнца не удалось получить "чистую" проверку, то она не зачлась, и придется повторить процедуру назавтра. После успешной проверки эфсек таара, женщина одевает чистое нижнее белье белого цвета.

Принято также сделать контрольную проверку , называющаяся Мох Дахук. Для этого вводится новый кусок Бадей Бдика и остается там от захода солнца до времени появления звезд. Затем эту материю рассматривают пользуясь теми же критериями, что при предыдущей проверке. Женщина, которой трудно делать Мох Дахук, должна посоветоваться с раввином.

2. 7 чистых дней.

Со дня, следующего за успешной проверкой Эфсек Таара, начинаются 7 чистых дней. Все эти дни женщина проверяется 2 раза в день: утром и перед заходом солнца. Если часть проверок по каким- либо обстоятельствам пропущена, женщина не обязана начинать отсчет заново при условии, что как минимум ею выполнены проверка Эфсек Таара и хотя бы по одной проверке в первый и седьмой чистых дней. В течении 7 чистых дней женщина носит белое нижнее белье и спит на белой простыне.

3. Подготовка к окунанию в миквэ

На исходе 7го чистого дня, после появления звезд, наступает время окунания в миквэ. Предшествовать этому должно очищение тела особо тщательным образом. Подготовку желательно начать еще до захода солнца, после второй проверки 7го чистого дня.

Необходимо удалить все украшения, контактные линзы, заколки, зубные протезы, лак с ногтей, косметику, постричь ногти на руках и ногах, прочистить нос, уши, глаза, и т.д. Подробный список можно найти в миквэ. Женщина, которой важно, по каким- то причинам, сохранить свой маникюр/педикюр, должна обратиться к раввину.

Необходимо принять теплую, не горячую, ванну основательно вымыв все тело и волосы. Ополоснуть тело и волосы под душем. Тщательно расчесать все волосы. Осмотреть тело, убедиться, что на нем нет ничего, что может помешать доступу к нему воды в миквэ.

Тщательное мытье всего тела теплой водой, расчесывание волос и осмотр тела- обязательны перед окунанием.

4. Окунание в миквэ

Суть окунания- приобретение чистоты ритуальной, возвышенной над материальностью. Очищение в миквэ- это *Хок*,- закон, который относится к тем повелениям Всевышнего, которые нам не дано постигнуть. Мы соблюдаем эту заповедь, так как мы всецело доверяем Всевышнему, Творцу всего сущего, и нашему Отцу, который наверняка знает, что хорошо для его созданий.

Для очищения женщина погружается в воды миквэ всем телом, так, что даже ни один волосок не остается на поверхности воды. Вода окружает ее со всех сторон. Женщина как бы обретает первозданную чистоту и выходит из воды обновленной и умиротворенной. При окунании в миквэ должна присутствовать баланит (работница миквэ)- еврейская женщина , сведущая в законах погружения. Она следит, чтобы погружение шло по всем правилам. К ней можно также обратиться за помощью.

Стоять в воде миквэ (глубина примерно 120см) нужно без напряжения: не прижимать руки к туловищу, а ногу одну к другой, глаза и рот нужно закрыть мягко.

Нужно наклониться вперед так, чтобы все тело, включая волосы, одновременно оказалось под водой. Принято, что женщина, после первого погружения, выпрямляется, и стоя в воде, поставив руки под грудью и не касаясь ладонями тела произносит:

БАРУХ АТА, АДО-НАЙ, ЭЛО-ЭЙНУ, МЕЛЕХ АОЛАМ, АШЕР КИДШАНУ БЕМИЦВОТАВ ВЭЦИВАНУ АЛЬ АТВИЛА.

Что означает: *«Благословен Ты, Г-сподь, Б-г наш, освятивший нас Своими заповедями и повелевший нам погружаться [в воду миквэ]*

Сразу после этого она погружается еще два раза. После каждого правильного окунания, баланит говорит "кашер", и Всевышний присоединяется к ней и подтверждает: "кашер".

Теперь она чиста, и разрешена мужу!

В момент окунания в миквэ врата небесные открываются для вас. Используйте это особое время: молитесь Всевышнему за себя, за своих родных и близких, за весь еврейский народ. Вам сейчас дана сила благословлять других! Благословляйте всех в том, в чем они нуждаются.

Желаем удачи!

Как быть, если муж не хочет соблюдать?

Хорошо, если муж вас понимает, и идет навстречу. Но есть такие женщины, что сталкиваются с различной степенью сопротивления со стороны мужа в вопросах Чистоты Семьи.

Не делайте самостоятельных поспешных выводов! Не всегда есть место войнам и хитростям. Проблемы в этой области затрагивают такие серьезные аспекты, как мир между супругами и взаимное доверие.

Если муж еще не готов соблюдать все правила, или вообще категорически против,- это проблема. Однако есть вопросы решаемые.

Мы не берем на себя давать какие либо алахические советы в этой области.

Каждая проблема должна быть представлена компетентному раввину. Раввин выслушает вас, изучит вашу конкретную ситуацию.

Как и при приеме лекарства, мы не должны принимать средство, выписанное другому пациенту, даже если нам кажется, что у нас с ним схожие симптомы. Так же и в ситуации, когда возникают проблемы в осуществлении заповеди о Чистоте Семьи: каждый случай уникален, и мы должны строго действовать указаниям раввина в наших конкретных обстоятельствах. Нужно тщательно следовать его рекомендациям в вашем личном случае, чтобы обеспечить четкое и правильное исполнение заповеди.

М., Киев: *Благодаря указаниям нашего раввина, мне удалось родить детей, соблюдая законы Чистоты Семьи. В конце концов, мой муж оценил это.*

Д., Цфат: *Я рада, что в конце концов, обратилась к раввину, хотя поначалу не решалась. Он решил мне ряд проблем, благодаря чему, я наконец-то, смогла окунуться*

Бесплатные консультации на русском языке:

Москва:

+7 916 6385205 Двора

+7 963 928 7706 Геула

Днепропетровск:

+380 933929890 Шоши

Киев:

+380 637701020 Эстер

+380 934115759 Хая

Нью-Йорк:

+1 347 7710221 Лиэль

Израиль:

Рухама Розенштейн - Нетания 052-676-1787

Хава Йосович- Бней Брак 050-834-4730

Йудит Зелиг - Бней-Брак 03-619-2964

Ита Лев - Кирьят Гат 054-445-8597

Пнина Эльдин – Арад 054-635-9040

Ривка Горелик - Кириат Малахи 08-858-2080

Лариса Лейбман- Ришон Лецион 050 434-0770

Ора Зайцев- Цфат 052-770-2589

Абрамов Хава Света, Нетания- 054-345-2805

По вопросам миквэ и многим другим, вы всегда можете обратиться
в организацию Хабад по месту вашего жительства.

&

Словарь

Афсакат Таара - Перерыв Чистоты- проверка, определяющая или кровотечение полхостью прекратилось, чтобы начать отсчет чистых дней

Баланит- баланиет- (множ. число) работница *миквэ*, помогает и, по *Галахе*, следит за погружением

Брит- обряд Брит Милы, обрезание крайней плоти

Галаха- еврейский свод практических законов Торы

Гвалт- идиш, возглас "Ой, спасите"

Геином- чистилище, в него попадают души согрешивших, чтобы очиститься перед попаданием в Рай

Гиюр- принятие неевреем еврейства

Игрот Кодеш- сборник писем Любавического Ребе

Каббала- тайное знание скрытого в Торе откровения. Занимается осмыслением роли Творца, цели Творения, природы человека, смысла существования и т.д. В наше время распространена популяризированная ее версия- *Хасидизм.*

Кдуша- духовная святость

Кошер, Кашрут- еда, приготовленная в соответствии с требованиями еврейского закона, сюда включается отдельная посуда для мясного и молочного и т.д.

122

Кроун Хайтс- район в Бруклине, где по адресу 770 Истерн Парквей находится штаб-квартира мировой организации хасидов Хабад, последователей Любавического Ребе

Ктуба- брачный контракт

Лвуш- одеяние

Мадриха- консультант по вопросам Таарат Амишпаха

Маим Хаим- буквально- Живая Вода, проточная вода, необходимая для кошерного погружения

Мезуза- свиток пергамента из кожи ритуально чистого животного, содержащий часть текста молитвы Шма, записанный вручную квалифицированным сойфером.

Миква-миквэ-специальный водоем для обряда погружения

Миньян - 10 евреев возраста 13 лет и старше,- минимальное количество, необходимое для различных еврейских религиозных обрядов

Мицва- заповедь Всевынего

Нахас- радость родителей от успехов детей

Нешама- душа

Нида- термин обозначающий женщину в период, начинающийся маточным кровотечением и вплоть до ее погружения в воды миквэ.

Реб, Рабби -он же раввин

Ребе Хабада -Любавический Ребе, Менахем Мендель Шнеерсон

Ребецин- жена раввина

Рош Ходеш- новомесячье, начало нового еврейского месяца

Сгула- средство, добрая примета

Сойфер- писчик священных текстов: Свитка Торы, отрывков для Тфилин (Филактерий) и Мезузы

Таарат Амишпаха- Ритуальная Чистота Еврейской Семьи (оба супруга евреи), которая достигается с помощью окунания еврейской замужней женщины в кошерную миквэ.

Талит- молитвенное покрывало

Тания- основополагающая книга по хасидизму

Татте- отец- идиш

Теиллим- Псалмы Короля Давида

Тора- Пятикнижие

Тфиллин- Филактерии

Тшува- возвращение к соблюдению Заповедей

Фарбренген- хассидское собрание

Хасидизм- религиозное течение в иудаизме

Хупа- традиционная еврейская свадьба, свадебный балдахин, *хупот*- множ. число

Цдака- пожертвование, справедливость (иврит)

Цниют - скромность в поведении и одежде

Шабос- на Идиш- Шаббат, Суббота

Шехина- присутствие, близость Бсев-шнего

Шиддух- поиск спутника жизни

Штибелах -небольшие неформальные синагоги

Эдим- лоскутки чистой, белой хлопковой материи 8x8 см, предназначенные для внутренних проверок

7 заповедей Ноя- запреты идолопоклонства, богохульства, убийства, прелюбодеяния, воровства и похищения, употребления в пищу плоти от живого животного, обязанность создать справедливую судебную систему.

Библиография

1.«Под кухонным столом», «Реб Лейбе- дежурный по миквэ», «Глубина», «Время миквэ»- переведенно с английского из книги Ривки Слоним "Total Immersion", Urim Publications, 2006

2.Раввин С. З. Лешес, "Understanding Mikva", 2001

3.Пнина Эльдин: "Взрослые секреты для еврейской невесты"

4.«Миквэ в обмен на свадебное платье» переведенно с иврита из книги Зеев Ритерман «Ор hабаит»

5. *Игрот Кодеш,* Ребе

Советуем прочесть:

- Подробно о законах семейной чистоты:

  - р. Мордехай Элияу "Пути чистоты", изд. Маханаим, Иерусалим, 1992.

  - р. Михаэль и Сима Кориц «Живая вода», изд. Лехаим, Москва, Нью-Йорк, 2008
  - Уриель Зильбигер "Хлеб, огонь и вода", Москва, 2005.

  - Теила Абрамов «Секрет еврейской женственности», 1990
- О таинстве миквэ:
  - р. Арье Каплан "Воды Эдена", Иерусалим.
  - Пнина Эльдин, "Взрослые секреты для еврейской невесты"
- О сохранении мира между супругами:

  - р. Ирмияу и Теила Абрамовы "Две половины целого", Иерусалим, 1998.

  - С.Х.Рэдклиф "Ценнее жемчуга", изд. Швут Ами, Иерусалим, 1992.
  - А.Фельдман "Река, котёл и птица", Иерусалим, 1993.

- О беременности и родах:
  - Авива Рапопорт "Стать матерью", изд. Фельдэйм, Иерусалим, 2006.
  - р. Барух и Михаль Финкельштейн "В добрый час", изд. Фельдэйм, Иерусалим, 1996 (иврит).
- О тшуве и жизни еврейских религиозных пар:
  - Эстер Кей, «Маршал», «Эстер», 2007, Иерусалим, изд. «Шамир»

Особая благодарность

С хвалой и благодарностью Всевышнему за то, что с помощью Благословения Ребе, я и мои подруги удостоились принять участие и выпустить в свет этот сборник!

Я благодарна Всевышнему, что мне выпала честь познакомиться и сотрудничать с такими замечательными людьми:

Рав Белинов, Главный Раввин Центрального района Бней Брака и Рав Шломо Дискин, Главный Раввин Кирьат Ата, которые терпеливо отвечали на множество моих вопросов, возникших при создании этой книги,

Рав Зальман Абельский זצ"ל,- Главный Раввин Кишинева и Молдовы, который уделил нашему проекту время и дал на него свое благословение,

Йудит Зелиг, Бней Брак, Хриневицкая Сара, Ройтман Хая Рахель активно участвовали в написании этого сборника, в сборе средств и издании,

Рабанит Ривка Слоним, Нью Йорк, дала свое разрешение на перевод нескольких рассказов из ее сборника "Total Immersion",

Рабанит Пнина Эльдин, Арад, предоставила нам свою замечательно написанную и остроумную брошюру "Взрослые секреты для еврейской невесты",

Спасибо за помощь: рабанит Рахель Гендель, рабанит Ривка Горелик, Эстер Кей, Анат Брусиловская, Пуа Ахон, и также тем дорогим женщинам, что поделились со мной своими личными рассказами и пожертвовали средства на издание этого сборника.

יחי אדוננו מורנו ורבינו מלך המשיח לעולם ועד

Издание этого сборника стало возможным исключительно благодаря пожертвованиям неравнодушных людей!

Да будет воля Всевышнего, чтобы Он одарил их множеством Благословений как в материальном, так и в духовном!

Семья Вепринский, Натания: в честь дочери Рина Хая

Семьи Гвили, Даган, Хаггай и Шнайдер, Натания, משפחות גווילי, דגן, חגי, שניידר מנתניה

Семья Гейштадт, Бней Брак

Семья Гендель, Цфат, משפ' הנדל, צפת Семья Зелиг, Бней Брак

Семья Кригер, Ор Егуда

Усвицкая Ирина, Маале Адумим на возвышение душ родителей: Ривка дочь Ханы и Лев сын Хинды Померанц

Семья Шварцман, Хадера: в честь дочери Яара дочь Раи. На возвышение души отца Александер сын Мирьям (Марджо) Нусуев

Семья Шварц, Холон в честь сына Мордехая

Двора Лея Гальперин в честь сына Хаима Элиэзера Липмана, Кириат Малахи

Семья Абрамов, Натания

Семья Перловых, Калифорния

Раввин Ицхак Коган זצ"ל на возвышение души ребецин Соша София дочь Шломо

Семья Машталер, Натания

Семья Райзман, Натания, משפחת רייזמן מנתניה

Семья Райхель, Натания

Семья Ройтман, Натания

Семья Розенштейн, Натания

Семья Трушин, Иерусалим

Семья Хриневицкий, Натания

Семья Шамис- Кириат Малахи

Семья Эйдельман, Пардес Хана Липмана, Кириат Малахи

Семья Байтман, Днепропетровск, Украина Еврейская Религиозная Община Днепропетровска Семья Дудко Альбина, Днепропетровск, на возвышение души матери Бела дочь Гени Зигун

Made in the USA
San Bernardino, CA
14 January 2016